KB067907

날마다 소풍, 영월

귀촌감성 필름사진에세이

날마다 소풍, 영월

글·사진 변선희

harmonybook

이 책은 저와 사랑하는 가족 제제, 시케, 꾸리, 렐레, 다락이와 함께 보낸 7년의 영월살이에 대한 이야기가 담겨있습니다. 배워본 적은 없지만, 매우 사랑하게 된 필름 카메라로 남긴 우리의 일상의 모습도 함께 실려있어요. 영월에서의 하루하루가 모두 완벽하게 행복했다고 할 순 없지만, 이곳을 정착지로 정하고 지내면서 확실하게 삶의 가치관이 생겼고 나 자신의 행복이 무엇인지, 내가 바라는 삶이 무엇인지를 생각할 여유와 힘이 생겼습니다. 이곳에서의 우리의 일상은 소박하지만 행복하고 평범하지만 특별합니다. 한 번 사는 인생이라면 정말 내가 원하는 삶의 모습으로 살아봐야 하지 않을까라는 생각이 저를 이곳 영월로 데리고 왔는데, 저처럼 햇살 충전을 좋아하고 현재의 삶보다 좀 더 천천히 그리고 더 내밀하게 살아가는 것을 원하는 사람들과 함께 이야기 나눈다고 생각하면서 글을 쓰고 있습니다. 이 책을 읽으시는 여러분도 조금은 편안한 마음으로 영월의 어느 게스트하우스에 묵는 여행자가 되어 저와 맥주 한 캔씩 들고 마주 앉아 여행자에서 정착자가 된 집주인의 이야기와 노래를 듣는다는 마음으로 읽어주었으면 좋겠습니다.

목차

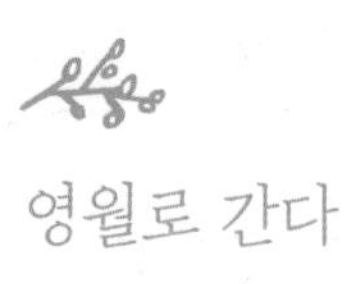

영월로 간다

"새롭게 시작하길 원한다면 두 가지 환경을 바꾸는 게 좋아. 첫째는 네가 속해있는 장소, 그리고 너의 주변에서 네가 만나고 있는 사람들. 만약 두 가지 모두를 바꿀 수 없다면 한 가지라도 변화를 시도해봐. 그래야 새롭게 다시 시작할 수 있을 거야."

공무원을 그만두고 음악을 하겠다고 결심한 지 3년 정도 지난 후 내가 여러 가지 딜레마에 빠져 고민하고 있을 때 순지 언니는 나에게 이렇게 말했다. 마음속에 늘 간직하고 있던 생각들이 누군가의 입에서 튀어나와 생명력을 가지게 될 때 그리고 그 타이밍이 딱 내가 원한 그 순간일 때 그 생각은 용기를 가지게 되고 현실이 되어버린다. 그리고 신기하게도 그 순간이 오면 마치 약속이라도 한 듯 모든 것이 순식간에 진행되어버린다. 나는 지금 영월로 간다.

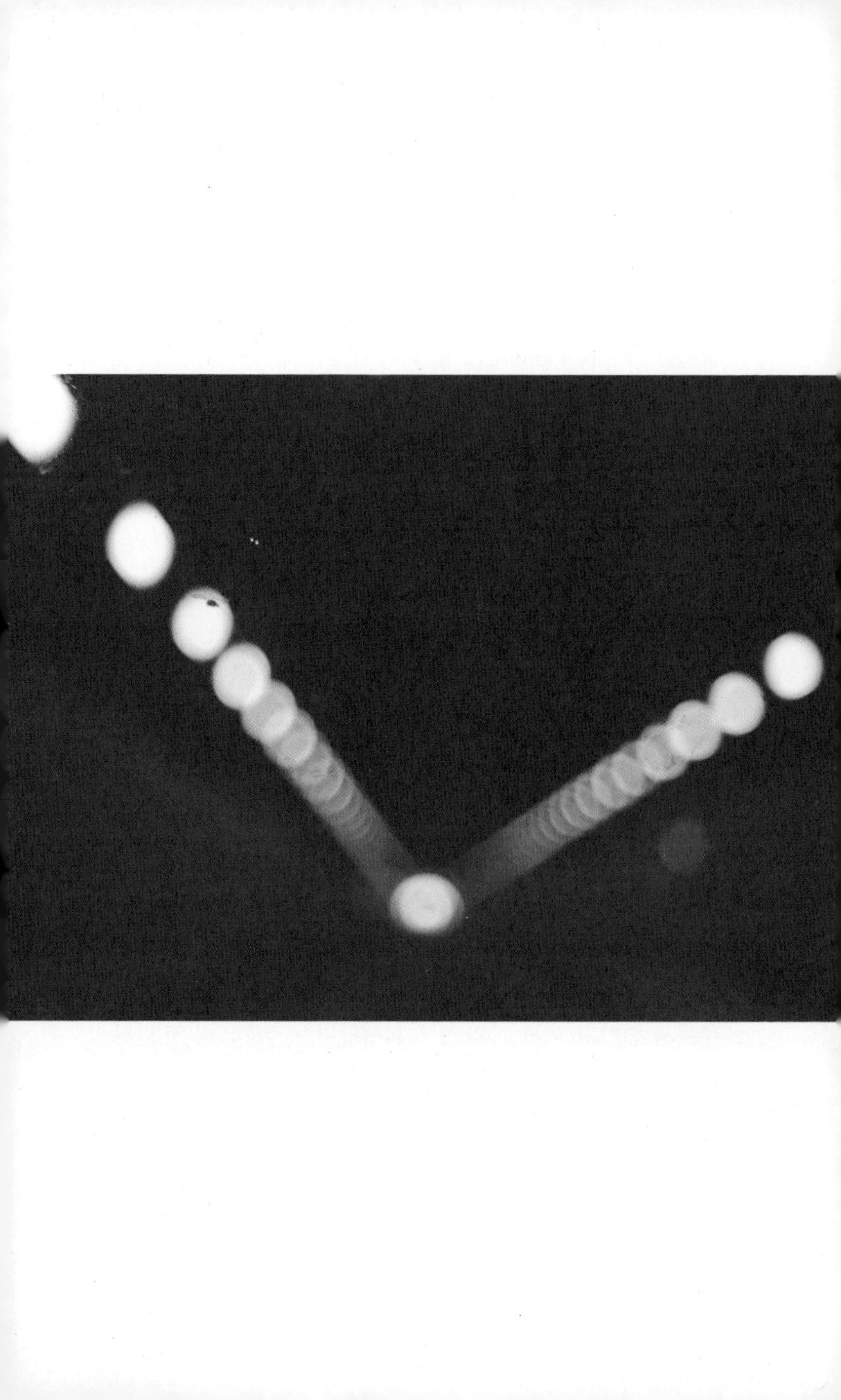

첫 발령지

어렸을 때부터 나는 음악가가 되고 싶었다. 하지만 부모님은 내가 안정적인 공무원이 되기를 바랐고 열정만 가지고 있던 나와 달리 부모님이 내세운 현실적인 이유와 수긍할 수밖에 없었던 상황 속에 나는 결국 공무원이 되면 음악을 해도 된다는 다소 불평등한 타협안을 가지고 대학을 갔다. 쉽게 생각했던 공무원 시험은 결코 만만치 않았고 노량진에서 4년을 버티며 결국 난 공무원이 되었다. 법무부 범죄예방정책국 춘천보호관찰소 영월지소 주무관 변선희. 이게 나의 첫 사회생활이자 영월과의 첫 만남이었다.

발령 후 첫 1년은 어떻게 지나갔는지도 모른다. "공무원이 되면

6시 칼퇴근할 수 있고 난 국가직이니깐 조만간 서울로 발령이 나겠지. 그럼 그때부터 본격적으로 음악을 시작하자!"라는 순수한 희망은 말 그대로 희망일 뿐이었다. 보호직은 워낙 일이 많은 직렬이었고 영월지역 첫 개청이 되었던 해여서 사수도 없이 처음 접하는 업무들을 배워나가느라 회사-집 이외에 다른 곳은 갈 수도 없었다. 직원 수가 적어 수시로 돌아오는 당직 때문에 주말도 집에 올라가기 쉽지 않았다. 하루하루 시간이 지날수록 내가 생각한 시나리오와 멀어지고 있다는 생각이 들었고 어마어마한 업무량은 직급이 올라간다고 해서 없어지지는 않는다는 선배들의 말에 나는 어떤 결단을 내려야 할 것인지 마음속으로 가늠해보기 시작했다. 안정적인 직업이 주는 편안함을 결코 무시할 수 없었고 스물아홉이 되어 음악을 시작한다는 것은 비현실적으로 보였다. 어떤 음악을 하고 싶은지 명확하지도 않은 지금, 직장을 그만둔다는 것은 매우 비합리적인 결정이었다.

그때쯤 나는 나에 대해 알고 싶어졌다. 도대체 왜 나는 아직도 음악에 대한 꿈을 버리지 못하는 걸까? 나는 범죄학을 전공했기 때문에 MMPI, MBTI, 에니어그램, 다중 지능 등의 성향검사를 해석할 줄 알았는데 도무지 나 자신은 알 수 없었다. 나는 그때부터 나를 파악할 수 있는 방법들을 찾고 여러 검사를 해보고 또 분석해 보고 전문가에게 자문을 구하기도 했다. 심지어 MBTI 동호회 카페에 가입하여 여러 사람들을 만나보기도 했다. 그땐 그 일에 굉장히 열광적이었는데 내가 모르는 나의 생각과 행동 패턴을 분석하는 일은 엄청나게 재미있었고 더 나아가 나와 타인과의 관계를 분석하는 것에 대해 혼자 며칠 밤을 새면서 공부하기도 했다. 그러면서 내가 왜 지금껏 음악을 포기하지 못했는지 알게 되었다. 나는 틀에 얽매이는 것을 싫어하며 직관적인 사고가 굉장히 높고 사물과 사물을 연결해 새로운 것을 만들어내는 것에 매우 큰 흥미를 가지는 성향이었다. 그리고 하워드 가드너의 다중지능이론에 의하면 음악 지능과 인간 친화 지능 그리고 자기성찰 지능이 높아 그 세 분야가 합쳐진 영역에서 활동할 때 가장 큰 성과를 내는 그런 사람이었다. 나에 대해서 알고 받아들이게 되면서 나는 작곡을 처음 시작하게 되었고 기타를 연주하며 내가 작곡한 곡을 노래하기 시작했다. 그리고 내 마음속에 깊이 담아 왔던 단어들이 글로, 멜로디로 하나씩 만들어져 나왔다. 음악뿐 아니라 심리 상담 분야를 공부하면 할수록 더 깊이 공부하고 실험해보고 싶어졌고 음악과 예술과 사람들로 무언가를 만들어보고 싶은 생각도 들었다. 결국 입사 2년 차에 나는 사표를 내고 영월을 떠났다.

La brisa(산들바람)

영월에서 지냈던 시간이 힘들고 고되기만 했던 것은 아니다. 아무것도 없다고 느껴졌던 첫인상과 달리 영월은 음악과 예술을 좋아하는 내게 알면 알수록 더 알고 싶은 곳이었다. 주말이면 자동차에 기타와 도시락을 싣고 박물관을 하나씩 탐방했다(영월에 박물관은 20개가 넘는다). 영월의 박물관들은 내가 알고 있던 크고 세련된 곳은 아니었다. 작은 폐교를 리모델링하여 만든 소박한 박물관들이었는데 박물관이 작고 관람객이 많지 않아 관장님을 직접 만나는 경우가 많았다. 미술관을 무척 좋아했던 나는 작가나 수집가를 직접 만나 그 작품에 관한 이야기를 들을 수 있다는 사실이 놀라웠고 이 작고 귀여운 세계를 하나씩 가지고 있는 그들이 매우 멋있고 부러웠다. 영월이라는 곳이 예술가들이 정착해서 자신의 세계를 만들어가기 좋은 곳이라는 생각은 아마 이때부터 나에게 인식된 것 같다. 회사 일이 점점 적응되어 갈 무렵 나는 혼자 영월의 자연 이곳저곳을 찾아다니기 시작했고 계곡에 발을 담그고 기타를 연주하거나 지나가다 차를 세워놓고 넓은 잔디에 누워 가만히 불어오는 산들바람을 느끼며 공기 중을 떠다니는 먼지와 아지랑이를 보다가 살짝 졸기도 했다. 내가 살던 도시들에선 생각조차 하기 어려운 것들이었다. 이런 시간 속에서 내 안에 잠재되었던 창작의 욕구가 조금씩 피어나기 시작했고 나는 자유롭게 사유하는 법을 배웠다.

인천에 집과 직장을 구하고 홍대와 신촌의 카페와 클럽에 노래할 곳을 찾고 작업실을 알아보기로 했다. 새로운 친구들도 생겼다. 기타를 연주하고 노래를 부르고 그림을 그리고 시를 쓰는 친구들, 영화를 구상하고 소설을 쓰는 예술가들, 나와 같은 유형의 모험가들을 만나 함께 노래하고 사유하고 상상하며 시간을 보냈다. 나에겐 참 꿈같은 시간이었다. 얼마 지나지 않아 나는 친구들의 도움을 받아 '종합예술창작소 라브리사'를 오픈했다. 아무에게도 방해받지 않는 나만의 작업실보다는 여러 사람이 모여 함께 무언가를 만들고 교류하는 아지트 같은 공간이 나에게 더 시너지와 영감을 불러일으켰다. 영월에서의 잊을 수 없는 순간은 따뜻하면서도 시원한 산들바람의 이미지를 가지고 있었고 공간의 이름인 '라브리사'(산들바람의 스페인어)가 되었다. 동명의 밴드로도 활동 했었는데 함께 밴드를 하던 친구들은 내가 영월에 내려가게 되면서 현재 '밴드 부르지매일(Bluesy mail)'로 활동하고 있다. 라브리사는 찾아오는 사람들과 상황에 따라 다양한 곳으로 변신했는데 나의 개인 작업실과 우리 밴드의 연습실이 되기도 했고, 나의 생계를 도와주는 기타와 우쿨렐레 교습소가 되었다가 지역의 우쿨렐레 모임 대관 장소와 소공연장, 전시장 등이 되기도 했다. 그야말로 때에 따라 모습이 바뀌는 복합문화공간이었다.

놀라운 것은 점점 라브리사에 대한 사람들의 관심과 방문자 수가 많아지게 되고 10평의 작은 공간으로 시작된 공간이 2층의 30여 평의 공간까지 확장되게 되었다는 것이다. 더 이상 다른 직장을 구할 필요가 없어질 만큼 라브리사에서 발생하는 수입이 많아졌다. 그런데 문제가 발생했다. 내가 경영을 한 번도 해보지 않았다는 거다. 라브리사는 이미 경영을 해야 할 정도로 규모가 커졌고 청년 사회적기업의 공모 제의와 작은 사업체로부터의 합병 제의까지 받은 상태였다. 하지만 그 분야에 전혀 문외한이었던 나는 예술사업에 대한 막연한 두려움과 오해로 두 번의 제의

를 거절했다. 그리고 공간을 유지시키기 위해 온종일 쏟아야 하는 시간과 에너지, 혼자 감당해야 하는 생산활동들로 점점 나는 지쳐갔다. 함께 공간을 이용하는 다른 친구들이 많았지만 함께 할 현실적인 방법을 우린 몰랐고 그럴수록 서로 오해가 커졌다. 그 당시 예술공간 경영자로서 나는 완전히 꽝이었다. 그와 동시에 음악을 전공하지 않았기에 오는 표현의 한계를 극복하기 위해 더 배우고 공부해야 한다는 사실도 알게 되었다. 지친 하루를 마치고 집으로 돌아갈 때면 스스로 질문하는 시간이 많아졌다.

그를 다시 만나다

우리는 캠퍼스 커플이었다. 같은 과 선배였던 그는 3월 14일 화이트데이에 나에게 사탕을 주었는데, 그날부터 우리는 사귀게 되었다. 우리의 별명은 샴쌍둥이. 365일 중 360일을 만났고 온종일 함께 다녀서 그랬던 것 같다. 선배도 음악을 좋아했고 노래를 정말 잘해서 늘 함께 음악을 듣고 노래를 불렀다. 스물하나 스물다섯의 어린 나이였지만 서로 아무에게도 말하지 못한 상처가 있었고 각자의 상처를 나누고 보듬으며 서로에게 의지했다. 우리는 한쪽 다리가 꺾인 참새들이었고 외눈박이 물고기였다. 그렇게 일 년 동안 온 마음을 다해 사랑했고 많은 추억을 만들며 지냈지만, 다음 해에 우린 헤어졌다. 하지만 서로의 첫사랑이었고 서로 마음이 옅어져 헤어진 게 아니었기 때문에 언제나 내 마음속 작은 서랍엔 그가 있다. 그 이후 나는 가끔 소식을 건너 묻거나 모르는 번호로 전화를 걸어 '여보세요'만 듣고 끊어버리는 그런 이불킥 할만한 행동을 정말 많이 했었던 것 같다. 싸이월드 미니홈피의 사람 찾기 기능은 헤어진 연인들을 위해 만든 서비스가 아닐까 싶은 생각이 아직도 든다. 그 이후 나는 10년 동안 아름답게 미화된 우리의 풋풋했던 만남을 뒤로한 채 열심히 나의 인생을 살고 있었다. 물론 연애도 하고 말이다.

하지만 공무원을 그만두고 전업 음악가의 길을 가기로 하면서 난 비혼주의자가 되었다. 그 이유는 두 가지였는데 첫 번째, 사랑의 순도는 결혼이라는 제도로 만들어지는 것이 아니고 결혼은 사랑을 의무화시키고 서로를 구속하는 수갑과 같은 역할을 하는 것이다. 예를 들어 서로의 사랑이 끝났는데 결혼이라는 제도 안에 남편과 아내라는 이름이 도대체 무슨 의미가 있겠는가? 결혼하지 않고도 죽을 때까지 서로의 사랑을 지켜내는 것이야말로 진짜

사랑이 아닐까? 당시 난 꽤 아주 많이 이상적이었고 지금도 이 생각은 변함없다. 하지만 결혼 이후의 부부간의 사랑의 밀도와 종류는 연애 때의 사랑과는 달리 경험하지 않으면 말로 설명할 수 없는 깊은 무언가가 있다는 걸 지금은 안다. 그리고 두 번째, 나는 음악을 전공하지 않았다. 중학교, 또는 고등학교 때부터 입시를 하고 대학을 가서 전공한 다른 사람에 비해 시간차가 너무 크다. 그래서 지금부터 나는 음악 전공을 다시 해야 한다. (물론 전공을 하지 않고 음악 활동을 하는 뮤지션도 많지만 난 배우고 싶은 것이 많다). 당시 난 서른 살이었고 '결혼해서 아이를 낳고 기르면서 나 자신에게 몰입하는 건 불가능할뿐더러 이걸 이해하고 받아들여 줄 보통의 한국 남자는 없을 것이다'라고 생각했다. 그가 다시 나타나기까진 말이다.

라브리사를 오픈한 지 3년 차 되던 해, 내가 만들어 놓은 그물 속에 단단히 묶여 어디로 갈지 고민하고 있던 그때 그를 다시 만났다. 카카오톡 친구추천으로. 난 그의 전화번호가 없다. 그런데 친구추천이 뜬다는 것은? 상대방이 내 번호를 저장하고 있다는 뜻이다. 물론 지금은 방식이 조금 다르지만 구 버전은 그랬다. 그의 프로필을 누르자 한 문장이 눈에 들어온다.

- 사람들 사이에 섬이 있다. 그 섬에 가고 싶다. -

정현종 시인의 시. 이 시를 읽는 순간 마음이 쿵 하고 내려앉았다. 이건 우리 시였다. 그때 내가 보이스톡을 누른 건 술을 마셨고, 새벽 세 시였고 그의 집 근처를 지나고 있어서는 아니다. 이젠 다시 만나도 정말 괜찮을 것 같았다. 난 비혼주의자니까! 근데 전화를 안 받는다. 으악! 그날 집에 가서 난 또 이불킥을 몇 번을 했는지 모른다.

다음날 늦은 아침 나는 벨 소리에 일어났다. 선배가 자느라 못 받았다며 보이스 톡으로 전화를 걸어온 것이다. 왠지 부끄럽기도 하고 반갑기도 한마음에 괜히 상기된 목소리로 아주 괜찮은 척하면서 통화했는데 내 생각엔 선배도 그런 것 같았다. 유난히 더 들뜬 목소리로 묻지도 않은 자기의 근황을 이야기한다. 우리의 통화는 그렇고 그런 안부, 해야 할 이야기들을 다 끝낸 후 잘 지내라는 이야기로 마무리되고 있었다. 그때 선배가 말했다.

"저, 부탁이 하나 있는데."
"음…. 어떤 부탁?"
"너도 만나는 사람 없다고 하니까, 전부터 가고 싶은 곳이 있었는데 같이 가주었으면 해서. 절대 혼자선 갈 수 없는 곳이거든."

"거기가 어딘데?"

"에버랜드!"

인천에서 용인까지 가는 동안 우리는 차 안에서 많은 이야기를 나누었다. 지난 10년 동안 어떻게 살아왔는지가 주된 내용이었다. 각자 힘든 일도 많았고 그걸 이겨낸 이야기에선 또 서로 칭찬해 주면서 예전에 알던 그 어린 우리가 아니란 사실에 서로 대견해 했다. 한참 얘기를 나누던 그때 핸들을 잡고 있던 선배의 새끼손가락에 끼워져 있는 반지가 눈에 띄었다.

'설마… 저건… 아니겠지. 아닌데 맞는데!'

우리가 헤어지던 날 난 커플링을 선배에게 돌려줬고 그는 지금 그걸 새끼손가락에 끼고 있다.

그날 함께 있던 내내 난 '아니 이 사람 뭐지? 선수인가? 아니면 스토커? 그것도 아니면 정말 날 못 잊어서 이러고 있나?' 하는 생각들로 무척 혼란스러웠다. 도착한 에버랜드의 줄은 굉장히 길었고 결국 우린 입장하지 않고 되돌아오기로 했다. 그리고 돌아오는 차 안에서 우리의 이야기는 쉼 없이 계속되었다. 그때 알게 되었다. 이 사람은 에버랜드에 가고 싶었던 게 아니라 날 만나고 싶었던 거다.

생각해보면 예전에도 그랬었다. 늘 먼저 손을 잡고 가자고 했던 쪽은 나였다. 마음을 가득 채워놓고도 상대가 어떻게 생각할지 몰라서 혼자 힌트만 잔뜩 품은 채 기다리기만 했던 사람. 자기가 너무 부족해서 너의 앞길을 막고 싶지 않다고 헤어지자고 했던 바보 선배. 그런데 오늘은 왠지 맘먹고 나온 것 같다. 그럼 나도 한번 맘먹고 물어봐야지.

"나도 너처럼 어느 순간 혼자가 편하더라. 아버지는 어떻게든 결혼하라고 하시는데… 난 이제 생각 없어. 결혼하지 않기로 결심하면서 내가 가장 행복했던 순간을 되돌아보는데 너와 함께일 때가 가장 좋았어. 그래서 그때를 기억하려고 끼고 다니는 거야. 너를 만나게 될 줄은 몰랐어. 이거 봐 자국 보이지?"

정말 반지를 뺀 손가락에는 하얀색 반지 자국이 있었다. 그렇게 깊고 애절한 마음을 어떻게 받아야 하는지. 정신이 아찔해지면서 마음이 아팠다. 그리고 그날 우리는 다시 1일이 되었다. 그날 술을 마셔서도 선배가 그 반지를 끼고 나와서도 긴긴 이야기 동안 상처를 잘 이겨내고 잘 살아줬다는 걸 알게 되어서도 아니다. 선배도 결혼을 하고 싶지 않다고 했으니까. 그래서 그런 거다.

아직도 심장이 두근거릴 수 있다니. 첫사랑 이후 다른 사람들과 만날 때 심장이 두근거렸던 적은 한 번도 없었다. 그런데 10년 만에, 그것도 같은 사람에게 같은 느낌을 받는다는 것이 참 신기하다. 선배를 다시 만나면서 나는 덜 외로워졌고 고민을 함께 나눌 친구가 생겼다는 것에 큰 위안감을 느꼈다. 어느 날은 갑자기 어디서 기타를 사 들고 라브리사로 와서 기타를 가르쳐 달라고 하기도 하고 재즈 공연 티켓을 예매해서 함께 공연을 보러 가자고도 한다. 왠지 선배와 함께라면 이 힘든 시간도 잘 해결해 나갈 수 있을 것만 같다. 이런 내 생각을 알았는지 몰랐는지 어느 날 선배가 나에게 조심스레 이야기한다.

"너라면 결혼해도 괜찮을 것 같아."

우리 영월에서 살아볼까?

1. 결혼식을 하지 않을 것.

2. 아이를 낳지 않을 것.

3. 내가 음악을 계속할 수 있도록 심적 물적으로 서포트 해줄 것.

"그래 좋아. 난 너만 있으면 돼."

설마 있겠어? 하던 그런 사람이 나타났다. 결혼에 대한 내 생각을 이해해 준다면, 그리고 아이를 낳지 않고 나 자신에게 몰두할 수 있는 내 삶을 응원한다면 굳이 함께하지 않을 이유가 있을까? 없다.

그럼에도 불구하고 우린 한 달 동안 거의 매일 끊임없는 대화를 나누었다. 대화의 소재는 서로의 가치관과 삶에 관한 생각, 앞으로의 구체적이고 현실적인 계획들, 그리고 재정에 관한 이야기였다. 결혼을 하지 않기로 결심했을 때는 분명 그 이유가 있었을 것이고 그에 맞는 인생의 계획도 있었을 것이다. 난 당연히 그랬지만 역시 선배도 그랬다. 나는 내 미래의 꿈과 직업에 대한 세부적인 계획이 있었고 나와 정 반대 성격인 그는 혼자될 미래를 위해 적금통장을 10개나 만들어 착실하게 돈을 모으고 있었다. 그렇게 각자의 인생에 대해 촘촘하게 세웠던 계획들이 서로를 만나 함께 하게 되면서 전면적인 재검토와 재정비가 필요하게 되었다. 나로서는 나의 길을 가기 위해 안정된 직장을 포기했던 만큼 나에게 온전히 집중하고 싶었기에 누군가와 함께 시간을 공유한다는 것은 많은 것을 의미했다. 고민의 시간이 길었고 선배는 늘 그랬듯 같은 모습과 같은 마음으로 말없이 나를 기다렸다. 예전처럼 우린 매일같이 만났고 이야기 나누는 저녁을 함께했다.

결국, 함께 살기로 했다. 긴 대화를 통해 계획들을 수정해 보았고 예측 가능한 장래의 일들을 계산해보았을 때 문제 될 것이 없다는 결론이 나왔으니 더 이상 함께하지 않을 이유가 없었다. 성향도 반대라 각자의 취약점을 보완할 수 있어 나중에 생기는 변수들도 상황에 따라 대처 가능할 것이다. 집은 선배의 직장이 있는 서울에서 구하기로 하고 난 라브리사를 과감하게 정리하기로 했다. 다행히 예전부터 라브리사를 이어 운영하기 원하는 분이 계셨는데 그분께 공간과 운영권을 넘기기로 했고 안정화되기까지 내가 일부 관리를 해드리기로 하면서 라브리사는 자연스레 새 주인을 찾았다. 이렇게 내 인생의 새로운 막이 시작되는 걸까?

"나 회사 그만뒀어."

통화가 되지 않던 저녁, 다음날 선배는 나를 찾아왔다. 아니 이게 무슨 얘기지? 오랜 시간 함께 공들여 계획을 세우고 부모님께 허락도 맡았는데, 변수라는 것은 생각보다 너무 빨리 온다.

선배는 우리가 다시 만난 이후 나에게 하지 않았던 속 이야기를 꺼냈다. 꿈이라는 걸 잃어버린 채 그저 무기력하게 살아가고만 있었고, 최선을 다해 버티고 있지만 무언가 치밀어 오르는 알 수 없는 억울함과 분노가 계속 마음속에 있었다고. 안정적인 수입을 위한 직장, 이 도시의 수많은 회사 중 나의 자리 하나를 가지기 위해 고군분투했던 시간. 그 속에서 느꼈던 허무함. 어느 순간 마음을 내려놓으면서 무엇을 하고 싶은지도 잃어버렸다는 선배의 이야기를 들으며 이 사람이 왜 결혼을 하고 싶지 않았다고 했는지, 그리고 어릴 적 우리가 왜 함께였는지 깨달았다. 우리는 같은 색이었다. 난 뛰쳐나왔고 그는 버티고 있었던 것이 달랐을 뿐. 그런데 이번엔 그가 다르다. 늘 억누르고 오래오래 기다리고 참는 그가 뭔가 달라졌다. 그리고 난 그의 변화의 이유 속에 왠지 내가 있는 것 같다는 생각이 들었다. 선배는 내가 부럽다고 했고 또 나에게 미안하다고도 했다. 공원 벤치에서의 긴 이야기가 끝나고 마음이 좀 가라앉은 후 선배가 말했다. 회사는 사표를 수리하지 않았고 다시 돌아오기를 바란다고. 조금 생각해보고 다시 돌아가든지 아니면 다른 직장을 구하겠다고. 그 이후 함께 저녁을 먹고 헤어질 때까지 선배의 이야기는 귀에 들어오지 않았다. 왜냐면 그 내내 어떤 결심을 하고 있었기 때문이다. 발단은 어두웠지만, 다음 전개는 신나고 재미있어지는 인생을 건 모험을.

"오빠, 우리 영월에서 살아볼까?"

"영월?"

"도시가 해답이 아닐지도 몰라. 우린 남들과 좀 다른 인생을 살기로 했으니 이번 기회에 한 번 실험해보는 게 어때? 나는 음악 공부를 제대로 해보고 오빠는 하고 싶은 게 뭔지 한번 찾아보는 거야."

"……. 근데 왜 영월이야?"

"내가 경험했던 영월에서의 시간이 너무 좋아서 제일 먼저 생각났어. 다른 특별한 이유는 없어. 만일 다른 곳으로 가고 싶다면 한 번 고민해 볼 수 있겠지!"

예상치 못한 나의 제안에 선배는 놀랐다. 불쑥 이 말을 꺼낸 나도 나 자신에게 놀라고 있었다. 이건 이렇게 금방 결정할 일이 아닌데.

"그래 그러자. 우리 영월에서 한번 살아보자."

금방 꺼낼 말도 아니었고 금방 대답할 일도 아니었던 우리의 영월행은 그렇게 5분 만에 결정되었다. 그리고 그렇게 우리의 영월로의 긴 여행은 시작되었다.

♪ 깃발 ♪

길을 잃었다고 느끼는 순간
떨리는 마음으로
서로의 손을 꼭 잡아
위태로운 청춘의 파도 속에서

처음 만났던 그 순간에도 우린
각자의 다른 한 손으로
함께 세상을 붙잡았지

다행이야
다른 누구도 아닌
너와 함께 외로워서
서로의 심장을
반쪽씩 나누어
가진 미완성의 우리여서

부탁이야

언젠가 바람이 거세지고

파도가 덮쳐오면

두 손 꼭잡고

저 먼 곳으로

함께 멀리멀리

날아가자

날아가자

집을 구하자!

일단 모험하기로 맘을 먹고 나니 두려움보단 홀가분함이 더 커지고 우리는 소풍 가는 어린애처럼 들떴다. 난 마냥 신났고 선배는 그곳에서 임시로 다닐 직장을 찾기 시작했다. 갑작스러운 영월행에 가족들은 모두 당황했다. 우리의 이야기에는 공감하고 이해해주었지만 '그동안 쉼 없이 일했으니 잠깐 머물다 올라오겠지' 정도로 생각했다. (우리도 이렇게 오랫동안 머물게 될 줄은 몰랐으니까) 영월에 살기로 결정하면서 우리는 주 중에는 현재의 직장을 천천히 마무리 지어갔고 주말엔 영월에 내려가서 시내를 둘러보고 집과 임시 직장을 알아보았다. 지금은 20개가 넘는 게스트하우스와 에어비앤비 숙소, 프라이빗 민박 등이 있지만 10년 전만 해도 영월에는 게스트하우스가 없었기에 모텔과 여관을 이용했다.

우리는 영월에 관광을 온 것이 아니라 생활하기 위한 목적으로 방문했기 때문에 정보들을 얻을 수 있는 곳이 필요했는데 영월의 지인들을 통해 알게 된 중요한 정보 하나는 영월의 구인·구직과 주택, 상가 매매 등 모든 정보는 '영월 신문'이라는 주간지를 통해 오고 간다는 사실이었다. 실제로 지금까지도 영월 신문에서 거의 모든 매물 거래가 이루어지고 있다. 영월에 살게 되면서 나중에 알게 된 팁 중에는 영월 신문을 통하지 않고 지인들의 입소문을 통해 거래되는 매물들도 꽤 많다는 것인데 이건 영월에 인맥이 있지 않고는 타지역에서 전입해오는 사람들은 알 수가 없다. 우린 영월 신문 + 인맥 찬스를 이용하여 맘에 드는 집을 구했고 부동산을 거치지 않았기에 수수료 없이 건물주와 바로 계약서를 작성했다. 새로운 직장을 구하기 전 임시로 일할 곳이 필요했는데 마침 영월 선거관리위원회에서 선거사무보조원 공개모집을 하고 있었고 우리는 함께 지원했다. 합격자 발표날, 선배는 합격했고 나는 떨어졌다! 새 일터에 출근 날짜를 받아놓고 "둘 중 하나라도 합격했으니 다행이다! 이젠 오빠가 나를 먹여 살려야 한다-"라고 농담을 주고받으니 이제 정말 영월살이가 코앞에 다가온 느낌이다. 영월행을 결정하고 이사와 첫 출근 날까지 두 달이 걸렸다. 2013년 10월 20일 우리의 영월살이가 시작되었다.

육각형 집

우리가 구한 집은 조금은 특이하다. 넓은 육각형 거실 하나와 방 하나로 이루어져 있고 거실의 3면에 커다란 창문이 달려있는데 여름에 안쪽 불투명 이중창을 떼면 3면의 커다란 유리창으로 밖의 풍경이 보여 마치 긴 직사각형의 풍경화 액자 같은 느낌이 든다. 키 큰 나무들은 3층 건물의 가장 꼭대기 층인 우리 집 창문까지 자라있어 매일 아침 나무에 앉아 놀고 있는 새소리를 들을 수 있다. 우리는 옥상까지 모두 사용할 수 있었는데 커다란 나무 평상을 놓고 나란히 누워 함께 별을 쬐거나 책을 읽었다. 이 집은 나중에 우쿨렐레 다락방과 앨리스의 다락방 게스트하우스가 되어 많은 사람들과 함께 추억을 나누는 공간이 된다.

우리들의 규칙

1. 최소한의 생활비를 위한 수익활동만 한다.
2. 영월의 자연을 만끽한다.
3. 스스로를 성장시키는 법을 함께 공부한다.
4. 느슨한 일상을 보낸다.
5. 우리 집의 가훈 '날마다 소풍'

영월의 겨울은 춥다. 호기롭고 기대에 찬 마음으로 영월에 내려왔지만 영월은 우리에게 아직 낯선 곳이었고 따스한 햇살이 가득 찾아오는 봄이 오기 전까지 우리는 그동안 바쁘게 지내왔던 서로의 시간을 보상하는 긴 휴식의 시간을 보내기로 했다.

우리의 인생을 바꾼 하나의 TV프로그램이 있다. 바로 2010년 8월에 방영된 〈인간극장- 날마다 소풍, 적게 벌어 행복하게 사는 법〉이다. 서울에서 광고 회사를 다니던 직장 선후배 사이였던 두 부부가 직장을 그만두고 제주도에서 살게 된 이야기와 그들의 일상이 담겨있었는데 가족이 살아가기 위한 최소한의 벌이만 하고 나머지 시간은 매일매일 소풍 같은 나날을 보내는 부부의 일상 속 아름다운 풍경과 삶의 모습이 마음에 진하게 남았었다. 나도 언젠가는 저런 삶을 살아보고 싶다-라는 로망에서 그렇게 살겠다-로 바뀐 시점이 바로 우리가 영월로 내려가기로 결정한 그 순간이었는데 그때 나는 선배에게도 이 프로그램을 보여주었다.

"이렇게 살아가는 사람들도 있어. 우리도 이런 삶을 과연 살아갈 수 있을까?"

감사하게도 이 부부는 지금도 예쁜 따님과 함께 제주도에서 같은 모습으로 날마다 소풍의 삶을 살고 있고 이 가족의 삶의 방식은 우리에게 꽤 큰 영향을 주었다.

그렇게 우리 집의 가훈은 '날마다 소풍'이 되었다.

선배는 새로운 직장에서 새로운 사람들과의 시간을 보내며 영월을 배워갔다. 선배가 출근하고 난 후 내게 주어진 일상의 일과는 창밖을 바라보거나 기타를 연주하고 고양이와 시간을 보내는 것 그리고 가끔 몇몇의 영월 지인들과 함께 식사를 하거나 차를 마시는 것이었다. 매우 바쁘게 지냈던 라브리사의 일상으로부터 갑자기 장면전환이 된 듯한 나의 하루하루는 조용하고 느리게 흘렀고 그 안에서 나는 물결을 만지는 것처럼 천천히 흘러가는 시간의 흐름을 느끼는 즐거움을 만끽하면서 영월의 공기를 배워나갔다. 영월에 정착한 지 이제 막 한 달이 된 우리에게 이곳은 늘 궁금하고 새롭고 신기한 것들이 많았다. 퇴근 후 우린 함께 저녁을 먹으며 각자 발견한 영월의 새로운 점들을 이야기 나누었고 주말엔 영월 10경과 박물관, 읍내를 구경했다. 난 영월에 대해 조금 안다고 영월 가이드를 자처했지만 생각보다 영월에 대해 모르는 것이 많았다. 정착인으로의 시선으로 바라보게 되는 영월은 지금까지와는 매우 다르게 보였다.

선배가 다녔던 임시 직장에서의 일은 업무가 복잡하지 않아 스트레스가 적었고 난 아예 무직 상태였던지라 우리에겐 꽤 많은 시간과 마음의 여유가 있었다. 우리는 우리에게 주어진 이 시간 동안 서로의 마음을 들여다보기로 했다. 영월에 근무했을 때부터 알고 지내던 심리 상담 선생님으로부터 추천받았던 책을 함께 매일 읽으며 우리의 마음속에 있었던 과거 트라우마를 서로 이야기하고 그것을 위로하며 내면에 멈춰있었던 어린아이를 보듬고 성장시키는 작업을 시작했다. 우리가 범죄학을 전공했다고 하더라도 심리 상담 전문가는 아니었고 스스로의 마음을 들여다보는 것은 더 어려운 일이었기 때문에 정말 쉽지 않았지만 그럼에도 우리는 계속 이야기하고 찾아보고 해결하려고 노력하는 데 시간을 보냈다. 그리고 우리끼리 해결할 수 없는 부분은 전문가의 도움을 받았는데 영월에 살고 계셨던 이희성 심리 상담 선생님으로부터 정말 많은 도움을 받았다. 덕분에 우리는 스스로를 객관적이게 바라보고 또 서로를 성장시키는 역할을 배우게 되었다.

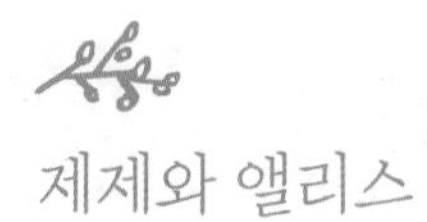

제제와 앨리스

우리는 함께 노래 부르는 것을 좋아한다. 예전 대학시절에 항상 노래방에 가면 불렀던 듀엣곡들이 있었고 이젠 기타와 우쿨렐레를 연주하며 우리가 좋아하는 곡들을 함께 부를 수 있게 되었다. 실제로 선배는 나보다 노래를 더 잘한다. 하지만 무대에 서는 것보다 그저 노래를 부르는 것이 좋은 내가 볼 땐 참 신기한 사람이다. 예전의 나를 기억하고 있던 분들이 우리가 영월에 이사 왔다는 소식을 듣고 해마다 있는 지역 공연 무대에 우리를 초대해 주셨다. 우린 함께 무대에서 기타와 우쿨렐레를 연주하며 노래를 불렀고 김윤철과 변선희라는 이름 대신 서로의 캐릭터를 닮은 동화의 주인공의 이름을 딴 제제와 앨리스라는 이름으로 활동하기로 했다. 나의 라임오렌지 나무의 소년 '제제'와 모험을 좋아하는

호기심 많은 '앨리스'가 함께 만난 것이다. 우리가 선택한 날마다 소풍을 떠나는 길은 마치 동화처럼 매우 이상적이니까 이런 이름도 재미있지 않을까? 이때부터 우리는 서로를 제제와 앨리스로 부르게 되었다. 첫 번째 공연 이후 우리는 종종 함께 여러 무대에 서게 되었는데 관객들에게 우리가 영월에 내려오게 된 이야기와 노래를 들려주었다. 이런 일상들은 문득 우리가 정말 새로운 인생을 살고 있구나라는 느낌이 들게 했다. 그러면서도 지금까지와는 다른 새로운 삶의 전환을 어떻게 계속 그려나갈까, 우리의 앞은 어떻게 펼쳐질까 하는 의문이 들기도 했다. 어쨌든 이제부터 이곳에서 우리는 누가 정해준 이름이나 직업이 아닌 우

리 스스로가 정한 이름과 색깔로 살아가야 한다. 우리에게 주어진 많은 시간과 자유 속에서 우리는 한 번도 가지 않은 길을 만들어 나가고 있었다.

우쿨렐레 다락방

제제(이젠 제제라고 부르겠다)가 다니던 선거사무보조원은 선거기간이 끝나면 근무가 종료되는 단기 계약직이었다. 우리의 계획은, 제제가 선거사무보조원으로 일하는 약 3개월의 기간 동안 정규 일자리를 구하고 나는 휴식을 취한 뒤 3개월 후 제제는 새로운 직장으로의 출근, 나는 작은 규모의 우쿨렐레 교습소를 내는 것이었다. 우린 자녀계획이 없으니 둘 다 많은 시간을 요구하는 일을 해야 할 필요는 없다. 다만 규칙적이고 최소한의 안정적인 삶의 방식이 좋은 제제는 회사 입사를 원했다. 전 직장처럼 승진을 위해 노력해야 하고, 많은 업무량에 매일 야근을 해야 하는 직장이 아니라면 기준을 조금 낮춰서 입사하기로 했다. 공공부문에서의 행정을 전공한 제제는 관공서나 기업체의 행정 정규직 또는 계약직 공고를 기다렸다. 그런데 워크넷과 취업포털 등을 통해 3개월 동안 취업공고와 일자리를 찾아보았지만 적합한 곳을 구할 수 없었다. 농공단지나 시멘트 회사 등에서의 일자리, 그리고 관공서와 관련된 계약직 근무 등의 일자리 외에 정규직 사원을 뽑는 중소기업 이상의 회사가 영월에 없다는 것이 그 이유였다.* 서울에서 겪었던 취업난을 영월에서도 겪다니! 영월엔 젊은 사람이 없으니 젊은 인력이 귀할 것이고 그래서 젊은 인재를 구하는 회사도 많을 것이라고 생각했는데 그건 우리의 착각이었다. 그래도 한자리는 있겠지-라고 생각했는데 그 한자리를 구하는 일이 생각보다 쉽지 않은 것이다. 큰일 났다. 3개월 만에 우리의 동화가 현실로 돌아오는 순간이었다. "3개월동안 푹 쉬다가 다시 올라와라."라고 했던 부모님의 이야기가 귓가에 맴돌았다. 하지만 그럴 수는 없지! 우린 작전을 바꿨다.

우쿨렐레 교습소를 차린다. → 그리고 함께 운영한다. → 제제가 취업을 하면 내가 규모에 맞게 독립 운영한다.

그렇게 만들어진 첫 번째 공간 〈우쿨렐레 다락방〉

* 현재는 영월 산업진흥원에서 매년 구인·구직 만남의 날을 개최하여 기업과 구직자 간의 일자리 매칭 행사를 하고 있다.

시를 잘 쓰는 친구가 공간의 이름을 지어주었다. 3개월을 쉬고 나니 나도 에너지 체력이 회복되었고 뭔가를 다시 해보고 싶었는데 내가 가장 자신이 없는 분야인 행정과 회계분야를 제제가 맡아준다고 하니 신이 났다. 제제가 행정적인 부분을 도맡아 하는 동안 나는 그동안 해왔던 경험을 토대로 수준별 우쿨렐레 교육 커리큘럼을 만들었다. 기타 레슨도 할 수 있었지만 바로 옆에 지인분께서 기타 교습을 하고 계셨으므로 나는 우쿨렐레만 가르치기로 했다. 우리는 영월의 기타 및 우쿨렐레 교육기관의 현황 분석과 우리의 계획 및 마케팅전략을 세우고 필요한 악기와 기타 도구들, 테이블과 의자 등을 구입했다. 실용음악협회 지회 등록과 교육청, 세무서에서 교습소 등록 신고를 마치고 홍보를 시작했다. 아파트 전단지, 영월 신문, 홈페이지 만들기, 인터넷 홍보 등을 했고 한 달 만에 목표했던 수강생 정원이 모두 모집이 되었다. 그렇게 우리의 육각형 집은 우쿨렐레 다락방이 되었다.

우쿨렐레
다락방
레슨문의 : 010 - 8771 - 1555

시케, 우쿨이(꾸리), 렐레, 다락이

우리가 영월에 내려온 그 해 우리에게 동물 가족이 생겼다. 6년 전부터 함께 지내온 고양이 시케 외에 태어난 지 보름밖에 안된 아기 강아지 다락이와 한 달 된 아기 고양이 우쿨이(꾸리), 그리고 국밥집 앞에서 만난 렐레.

우리는 고양이 한 마리와 강아지 한 마리를 기르고 싶었다. 비싼 품종의 동물보다 보호소에 있거나 길에서 구조한 길냥이, 멍멍이를 기르기로 했고 인터넷으로 계속 가족이 될 친구들을 찾았다. 제일 먼저 태어난 지 한 달밖에 안된 꾸리가 우리 집에 왔다. 추운 겨울 길가에 울고 있던 고양이를 발견한 군인 아저씨가 올린 분양 게시글을 보았는데 보자마자 한 걸음에 달려가 데리고 왔다. 그 다음날엔 다락이가 우리 집에 왔다. 다락이는 태어난 지 보름밖에 되지 않은 정말 꼬물 강아지였다. 지인과 점심 식사를 하던 중 식당 사장님의 지인이 분양하는 강아지가 있다는 사실을 알게 되어 보러 가게 되었는데 어미 개인 춘심이가 낳은 열 마리의 새끼가 있었다. 젖의 개수보다 더 많은 새끼를 낳아서 이미 힘이 약해 다른 형제들에게 밀려 젖을 잘 먹지 못하는 강아지들도 있었는데 다락이는 그런 새끼 강아지 중 하나였다. 나는 그날 손바닥보다도 작은 꼬물이를 품속에 꼭 안고 집에 돌아왔다. 2013년 12월, 영월에서의 첫 겨울은 귀여운 작은 동물들과 함께 기쁘고 즐겁게 보냈다. 그 때로부터 몇 개월 후 국밥집 앞에서 만난 노랑 고양이 렐레는 구조 후 분양했으나 파양되었고 결국 우리의 가족이 되었다. 두 해가 지나고 시케는 부모님과 동생과 함께 살게 되었고 우리가 영월에 정착한 첫 일 년 동안 만났던 세 마리의 동물들은 함께 지내게 되었다. 한 가지 슬픈 소식은 다락이와 형제처럼 지내던 꾸리가 무지개다리를 건넌 것이다. 갑작스러운 질식사였는데 도무지 이유를 알 수가 없었다. 준비되지 않은 이별에 우리는 매우 슬펐고 다락이도 적잖은 충격을 먹은 듯하다. 이제 꾸리는 우리가 좋아하고 자주 다니는 어느 산책로에 묻혀있다. 그곳을 지나가면 우리는 늘 마음으로 꾸리에게 인사를 건넨다. 다락이는 그 이후로도 잘 지내지만 더 이상 꾸리에게처럼 다른 동물에게 곁을 주지 않는다. 지금은 죽은 꾸리와 너무나도 닮은 꿀2가 다락이 곁에 있지만 다락이는 더는 예전 꾸리에게 주었던 만큼의 애정을 주지 않는다. 그 모습을 볼 때면 한쪽 마음이 시리고 아프다.

치유의 시간

제제와 함께 우쿨렐레 다락방을 운영하게 되면서 예전 대학시절처럼 우리 두 사람이 함께 하는 시간이 많아졌다. 영월의 장점은 작은 읍내 안에 관공서를 비롯한 각종 상점들이 다 있어 업무를 보기 편하다는 점(대부분의 장소들이 10분 안의 거리에 모여 있다), 그리고 그 작은 읍내를 벗어나면 산과 강이, 계곡과 숲이 금세 펼쳐진다는 것이다. 봄이 찾아오면서 나는 더 이상 회사를 갈 필요가 없게 된 제제와 함께 매일 숲속을 걸었고 햇볕을 흡수하며 마음을 녹였다. 영월의 계절 속에 나의 굳어지고 얼어붙었던 마음이 점점 부드러워지고 걸음걸이가 느려졌으며 나도 모르게 내 말투엔 영월 사투리가 조금씩 배어갔는데 그런 내가 싫지 않았다. 청령포의 소나무 숲과 뒤쪽 알려지지 않은 돌밭에 가만히 앉아 기차가 지나가는 것을 보고 오기도 하고, 김삿갓 가는 길의 도로를 달릴 때면 오른쪽에 가쁘게 흐르는 넓은 계곡물빛의 반짝임을 넋을 잃고 보기도 한다. 그리고 여름엔 아프리카 박물관 너머의 들판에 풀어놓은 여러 마리의 염소 떼가 자유롭게 풀을 뜯어 먹는 풍경도 보곤 한다. 돗자리를 가지고 별마로 천문대 옆 활공장에 누워 밤하늘을 바라보면서 노래를 흥얼거리면 별똥별이 떨어진다. 어느 날은 어디로 가는지도 모른 채 길을 따라 운전해 도착한 풍경 좋은 곳에서 한참을 앉아있다 오기도 한다. 이곳은 어디에나 강이 있고 숲이 있고 별이 있다. 매일의 생활에서 느껴지는 풍경의 아름다움과 느림 속에 우리의 마음은 점점 건강해져갔고 회복되는 자존감 속에서 다시 새롭게 일어설 힘이 생겨나는 것이 느껴졌다. 우린 계속 서로의 마음을 묻고 자신의 꿈을 찾고 서로를 다독이면서 영월과 조금씩 친해졌다.

나에게 성공이란 무엇일까, 음악이란 무엇일까

난 열아홉 살부터 지금까지 하고 싶은 것이 명확했다고 생각했다. 하지만 아니었다. 음악- 어떤 형태로든 음악과 관련된 일을 하고 싶었지만 내가 노래를 부르고 싶은지, 기타를 연주하고 싶은지, 작곡을 하고 싶은 건지는 명확히 알 수 없었다. 공무원을 그만두고 음악 공부를 해야겠다고 결심한 이후부터 쭉 나의 고민은 이것이었다. 그런데 영월에서의 첫해를 보내면서 그것도 명확해졌다. 나는 곡을 만들고 싶다. 내가 만든 곡을 나 아닌 누군가가 노래해도 좋고, 노래가 없는 연주곡을 만드는 것도 좋다. 가끔 머릿속에서 여러 음악들이 들려올 때가 있는데 그것을 표현하고 싶어도 표현하는 방법을 몰라서 많이 답답했다. 마치 갓난아이가 욕구를 표현하고 싶지만 말을 하지 못해 우는 것처럼 나도 늘 그런 마음이 있었다. 내가 가진 것은 기타 하나와 목소리 하나. 그것들을 잘 다루고 마음에서 표현하고자 하는 그대로 편하게 연주하고 쓰고 싶다는 마음이 강하게 들었다. 더 나아가 다른 악기들의 쓰임도 공부하여 여러악기 편성이 되어있는 곡도 만들어 보고 싶었다. 나는 본격적으로 공부를 시작했다. 대학 입학, 곡 쓰기, 사유하기, 글쓰기. 서른두 살이라는 나이는 무언가를 시작하기엔 늦은 나이일까? 남들은 어릴 적부터 갈고닦아 전공을 해도 성공하기 어렵다는 음악인의 길인데 지금 내가 하려고 하는 이것은 무엇을 의미하는 것일까?

물음표들은 꼬리를 물고 나를 찾아왔고 결국 나는 '성공'이 각자에게 다른 의미로 다가갈 수 있다는 사실을 알게 되었다. '음악'도 마찬가지이다. 과제가 생겼다. 나에게 '음악'으로 '성공'하는 것에 대한 의미를 찾아야 한다.

해보고 싶은거 다 해보자!

제제는 아직도 무엇을 하고 싶은지 모르겠다고 했다. MBTI 성격유형이 ENFP(열정이 넘치는 스파크형)인 나와 정반대인 ISTJ 유형(책임감이 강한 현실주의자)인 제제는 어릴 적부터 하고 싶은 것보다 해야 하는 것을 더 우위에 두고 살아왔다고 한다. 하지만 그렇게 살면서 마음 한구석에 방치되었던 마음의 존중감이 고개를 들었고 어느 순간 제제는 멈춰버린 기차처럼 더 이상 달릴 힘과 이유를 잃어버린 것 같다고 했다. 내가 무엇을 하고 싶은지 잃어버린 사람들은 생각보다 많다. 빠르게 지나가는 트렌드 속에 정신을 잃지 않으려면 나와 다른 사람이 어디에 있는지 가늠하면서 스스로를 계속 성장시켜야 한다. 그냥 살아가는 것이 아닌 살아남아야 하는 이십대와 삼십대를 요즘 세대는 보낸다. 그 시

간 속에 나의 취향이 맞는 길을 운 좋게 찾길 바라면서 나아가지만 그렇지 않다고 해도 성공률이 낮은 나의 취향 따위라면 언제든 던져도 누가 욕하지 않을 시대이기도 하다. 나이를 더 먹어 갈수록, 책임져야 하는 사람들이 점점 더 많아질수록 마음은 더 조급해지고 어느 순간 나는 행복을 향해 가는 것보다 살아남았다는 안도감을 위해 달려가는 기차가 되어 버리는 것이다.

"그럼 이번 기회에 뭐가 하고 싶은지 한번 경험해보자!"

아이를 낳지 않기로 한 약속은 우리를 자유롭게 해주었다. 모든 것을 다 가질 수 없다는 것을 알기에 우리는 하나를 내려놓기로 했고 그 결정이 가족을 책임져야 한다는 제제를 조금 자유롭게 해준 듯했다.

제제는 여러 가지를 배우기 시작했다. 우쿨렐레를 배워 강사 자격증을 취득해서 다락방에서 아이들을 가르쳐보기도 했고, 바리스타가 되어 잠시 카페 창업의 꿈도 꿨다. 가깝게 지내던 분들이 운영하시는 도자미술관에서 흙을 만지는 체험을 하기도 하면서 전혀 경험해보지 못했던 새로운 분야를 경험했다. 책상 위에서 서류 업무만 하던 제제의 일상과는 전혀 다른 처음 경험해보는 시간들이었지만 난 분명히 보았다. 제제의 눈이 빛나는 것을.

Folgers
N°1

적당한 거리가 필요해

영월에 살게 되면서 많은 친구들을 만나게 되었다. 많진 않지만 나와 비슷한 또래인 마음을 나누는 친구들, 수강생으로 만나 친해지게 된 사람들, 영월의 음악인들, 글쓰기 모임에서 만난 나보다 훨씬 나이가 많은 분들, 나처럼 다른 지역에서 이곳에 살기 위해 온 사람들. 멋진 공간을 운영하는 매력적인 사람들.

내가 자라던 곳이 아닌 이상 오랫동안 함께 해오던 친구도, 가족도 없기에 새로운 친구들은 때론 큰 힘이 되고 의지가 되기도 한다. 하지만 너무 가까운 관계를 유지하다 보면 상처를 받게 되는 일도 많고 서로의 영역을 침범하는 일도 생긴다. 이곳에서 몇 년간의 관계를 맺으며 알게 된 중요한 사실은 좋은 관계를 오랫

동안 유지하기 위해서는 적당한 거리두기가 필요하다는 것이다.

영월에는 타지인과 외지인이라는 용어가 존재한다. 물론 영월 뿐 아니라 어느 곳에서도 쓰이는 말이다. 텃세로 인해 기존에 형성되어 있던 관계망에 들어가는 것이 어렵다는 이야기를 종종 듣는다. 그리고 분명히 갈등도 있다는 것을 느낀다. 그에 비해 나는 그다지 텃세나 반목을 느낀 적은 없는데 모임이나 관계망에 대한 소속 욕구가 적어서인 것도 같다. 반대로 어떻게 이렇게까지 해줄 수가 있을까라는 생각이 들 정도의 마음도 많이 받았다. 옆집에 누가 사는지 알지 못하고 관심도 없는 도시지역에 살던 나는 처음엔 이런 관심이 신기하기도 하고 영 부담스럽기도 했다. 고질병인 어깨 굳음으로 고생할 때 뜨거운 물수건을 몇 번을 갈아주며 어깨를 주물러 근육을 풀어주고 맛있는 배추전까지 해주는 이웃 언니와 힘든 일이 있었을 때 엉엉 울던 나를 아무것도 묻지 않고 안아주던 엄마 뻘의 지인분도 있다. 직접 재배한 농산물을 손에 쥐여주거나 만든 음식이나 반찬을 가져다주는 건 너무도 자주 있는 일이다. 아주아주 친한 사이에서만 해주는 거라고 생각했던 것들을 이곳 사람들은 아무렇지 않게 한다. 그렇다고 아무에게나 해주는 건 아니라고 하니 나는 운이 참 좋다. 그럼에도 적당한 거리두기는 필요하다. 작은 지역사회에서 거의 모든 사람들이 서로를 다 알고 있기에 입에서 입으로 전해지는 정보의 흐름은 무척 빠르다! 그 안에는 의도적인 소문의 흐름도 있지만 그렇지 않은 것도 있다. 어쨌든 모두가 다 서로 가까워서 일어나는 일이다.

너무 지나치게 가까워지지 말 것! 너무 깊은 사생활을 공유하지 않을 것!

이것이 지금까지 내가 영월에서 사람들과 좋은 관계를 오래 유지할 수 있었던 이유이다.

뜨겁게 안아주고 쿨하게 돌아서라!

앨리스의다락방 게스트하우스

우쿨렐레 다락방 수강생들이 늘어날수록 우리의 육각형 집은 더 이상 우리만의 공간이 아니게 되었다. 아이들은 우쿨렐레 연습을 하러 와서 다락이와 꾸리와 놀기도 하고 배가 고프면 함께 떡볶이 같은 것을 해먹기도 했다. 우쿨렐레 수강생들의 실력이 늘면서 동아리도 생겼다, 연말에는 함께 송년회를 하고 아주 작은 콘서트도 열었다. 역시 이곳에서도 난 제2의 라브리사를 만들고 있다. 이렇게 많은 사람이 오가면서 거실 하나와 방 하나뿐인 이 공간이 집의 용도와 교습소의 용도를 같이 하기엔 점점 비좁다는 느낌이 들기 시작했다. 의도치 않게 우리만의 유일한 휴식 공간이 사람들에게 자주 오픈이 되기도 했다. 집과 일터를 분리해야 할 때가 왔다. 우리는 멀지 않은 위치에 집을 구했다. 이제 우린 매일 출퇴근을 하게 되었고 자연스레 다락방은 교습소와 나의 작업실의 역할만을 위한 곳이 되어 저녁엔 아무도 머물지 않는 곳이 되었다. 우리가 침실로 쓰던 방이 비어있게 되었고 수강생의 연습 공간으로 그 용도가 바뀌었다.

그런데 집이란 참 신기하다. 사람이 머물고 그 온기가 있을 땐 아무 문제 없더니 사람이 떠난 저녁 텅 빈 집에는 문제가 생긴다. 겨울엔 수도가 얼고 보일러가 고장 나기도 한다. 거주하고 있을 땐 아무 문제 없었던 것들도 집에 온기가 사라지니 말썽을 일으킨다. 영월에서의 첫 해 동안 이 공간에서의 추억이 너무 많았고 벽지와 조명등 우리의 손이 직접 안 간 것이 없을 만큼 공들여 꾸민 곳이기에 이 아늑하고 예쁜 공간을 누군가 함께 썼으면 좋겠다는 생각이 들었다. 그때 반짝 아이디어가 떠올랐다.

"우리 게스트하우스를 해보자!"

그 기막힌 아이디어를 누가 떠올렸는지 기억은 안 나지만 그 이야기가 나온 그날 우리는 콘셉트도 다 정해버렸다.

"방이 하나밖에 없으니 혼숙은 불가능해. 여성전용으로 가자!

그리고 딱 4명만 받는 거야. 가격은 한 명당 2만 5천 원, 독채는 8만 원으로 정하자!"

역할분담도 정했는데 게스트하우스 청소와 조식, 운영 관리, 수강생 관리는 제제가 담당하고 게스트 안내와 악기 수업은 내가 하기로 했다. 제제는 혼자 하는 일을 좋아하고, 나는 사람을 만나는 일을 좋아하니 이 역할분담이 우리에겐 매우 만족이다. 이럴 땐 성향이 반대인 게 참 좋다. 아직까지도 제제는 쉴 새 없이 사람들을 만나고 이야기하는 나를, 나는 회계와 반복 업무를 재미있어하는 제제를 이해할 수 없다.

게스트하우스 이름을 뭘로 하지?
고민하다가 몇 개의 후보가 나왔다.

1. 다락방 게스트하우스
2. 게스트하우스 제제와 앨리스
3. 델마와 룸 있음

나는 1번 제제는 3번이다. 참나 도대체 왜 제제는 델마와 룸 있음에 꽂힌 건지 모르겠다. 이 이야기를 나누기 바로 전날 영화 델마와 루이스를 봤는데 그 후 이 단어를 생각해 낸 스스로를 매우 기특해하며 매우 자신감 있게 밀고 나가고 있다. 도무지 하나로 정해질 기미가 없자 우린 각자의 지인들에게 물어보기로 했다. 놀라운 결과! 세 개다 탈락! 지인들은 각자 본인들이 생각해 낸 이름들을 제안했는데 가장 많은 의견을 얻은 이름이 바로 앨리스의 다락방이다. 여성전용이고 기존에 다락방이라는 이름이 있으니 멋진 조합이다. 단 여기서의 앨리스는 내가 아니라 이곳을 방문한 여성 게스트라는점! 뭐가 되었든 델마와 룸 있음이 선택이 안되어서 매우 다행이라는 생각을 하며 나는 선정된 우리의 게스트하우스 이름을 마음속에 꼭꼭 눌러 담았다.

우리의 첫 게스트 손님이었던 물길, 그림, hyo 작가님들이 그려준 다락방의 앨리스

해보고 싶은게 생겼어!

우리가 게스트하우스를 만들 당시만 해도 영월 읍내에 게스트하우스는 여행자의 노래 한 군데밖에 없었다. 인터넷에 검색하면 나오는 곳은 읍내에 단 한 군데도 없었던 터라 인터넷 검색창에 '영월 게스트하우스' 이렇게 치면 앨리스의 다락방 게스트하우스만 나왔다. 그래서인지 우리 게스트하우스는 젊은 여성들에게 인기를 얻었고 우린 낯선 여행지를 방문하는 여행객에게 잠자리와 조식을 제공하는 호스트가 되는 경험을 하게 되었다.

게스트하우스 운영은 우리에게 생각지 못한 기쁨을 주었는데 영월살이 3년 차가 되자 느껴지는 익숙함과 매너리즘에 빠진 우리에게 여행자들의 모험의 에너지는 굉장한 자극이 되었다. 사실 우리가 게스트하우스를 운영하게 된 것은 다락방 공간을 공유하고픈 마음과 공간에 온기를 두게 하고 싶은 마음이 가장 컸으므로 별 욕심 없이 공간 유지비만 벌만 된다는 마음이었다. 제제는 게스트하우스 운영을 하면서도 제2의 직업을 계속 탐색 중이었고 언젠가 취직 또는 창업을 염두 해 주고 있었기에 게스트하우스 운영은 우리에겐 하나의 즐거운 이벤트였다. 새로운 사람을 만나는 것을 좋아하는 나도 게스트와의 만남이 무척 즐거웠다. 가끔 마음이 맞는 게스트가 오면 제제와 다락이와 함께 퇴근하지 않고 다락방에서 잠을 자며 게스트와 밤새 이야기를 나누었다. 여행자들을 매일 만나니 나도 이곳을 여행하는 듯한 기분과 새로움과 설렘을 느낄 수 있었다. 특히 봄과 겨울에 오는 게스트는 생각을 정리하거나 새로운 시작을 위해 잠시 멈춤의 여유를 가진 홀로 여행자들이 많아 그들과 이야기 나누는 시간은 참 좋았다. 여러 직업의 사람들과 다양한 생각을 교류하는 시간들을 보내면서 제제도 나도 성장하고 있는 걸 느꼈다.

게스트가 퇴실하면 우린 함께 청소를 하고 옥상 위 평상에 앉아 햇볕을 쬐며 커피를 마신다. 열심히 일을 하고 잠깐의 휴식시간에 옥상에서 커피를 한 잔 씩 마시며 이야기를 나누는 게 우리의 루틴이다. 그리고 중요한 할 말이 있을 때에도 옥상으로 간다. 둘 중에 한 사람이 "옥상에서 얘기 좀 할까?"라고 하면 둘 다 묘한 표정을 지으며 따라가곤 한다. 우리에게 '옥상으로'는 놀자! 아니면 진지하게 얘기하자! 다. 어느 날 제제가 할 말이 있다며 옥상에서 커피 한 잔을 하자고 한다. 나는 장난기 어린 표정으로 따라갔지만 한편으로는 무슨 이야기를 할지 무척 궁금했다. 제제는 확신에 찬 얼굴로 말했다. 이제 정말 하고 싶은 것을 찾았어!!!

와! 드디어 발견했구나! 도대체 뭘까?

"나 공무원 시험 준비해 보고 싶어."

예상치 못한 이야기에 나는 당황했다. 제제의 나이는 서른여덟살. 지금 공무원 시험을 준비한다고?!

제제는 차분히 이야기를 이어나갔다.

"다양한 경험을 하면서 직업에 대해 고민해 본 결과 내 성격은 안정적이고 변화가 적은 직업에 잘 맞는 것 같아. 우쿨렐레 다락방과 게스트하우스 운영처럼 시기에 따라 수입이 변하는 직업은 즐겁긴 하지만 내 성향과는 맞지 않아. 그리고 아무리 우리가 날마다 소풍의 삶을 산다 할지라도 미래를 대비하고 내 가족을 불안하지 않게 지키고 싶어. 하루 중 게스트하우스 운영 관리와 청소에 소요되는 시간은 많지 않으니 나머지 시간에 공부하면 돼. 대신 업무 강도가 높지 않은 직렬로 갈래."

공부 과정과 합격으로 가는 길이 쉽지 않아서 그렇지 사실 영월의 일반 기업체 취직보다 공무원 시험을 거쳐 공직생활을 하는 것은 나쁘지 않은 선택이었다. 물론 늦은 나이에 입사하면 급여가 많지 않겠지만 우리에게 그건 아무런 문제가 되지 않았다. 나는 제제의 결정을 지지해 주기로 했다. 제제는 늦깎이 수험생이 되었다. 인생은 정말 알 수 없다. 그래서 재미있는 것 아니겠는가?

가장 행복한 순간

우리에게 영월살이 중 가장 행복했던 순간을 고르라고 한다면 게스트하우스를 시작하고 제제가 수험생이었던 2016년과 2017년이다. 2014년, 아무것도 모르는 미지의 세계를 탐험하듯 도착했었던 그때는 호기심과 두려움으로 가득했고, 서로에게 적응하는 시기이기도 했으므로 흥미진진한 파도 속에 있는 듯했다. 2020년 지금의 우리는 더 부러울 것이 없다. 제제는 이제 완벽한 공무원이 되어 원했던 안정적인 직장 생활과 5시 반 퇴근이라는 이상적인 목표를 달성했고 나도 나의 음악을 한층 업그레이드해서 나아가고 있다. 그런데 이상하게도 가장 행복했던 순간을 고르라면 나도 제제도 그때이다. 지금보다 가진 것이 없었고 정해진 것도 없었던 그때의 나는 시간이 그대로 멈춰버렸으면 했고,

그리고 너무 행복해서 더 두려워지는 그런 순간을 자주 느꼈다. 그렇다고 특별한 일들이 있었던 건 아니다. 그때의 우리의 하루 일과는 아침 일찍 일어나 조식을 만들고 게스트들과 함께 이야기를 나누며 아침 시간을 보낸다. 그리고 게스트가 퇴실하면 함께 침구 세탁과 청소를 한다. 옥상에 이불을 널어놓고 평상에 앉아 커피를 마시며 도란도란 이야기를 나누거나 누워서 구름이 지나가는 걸 바라본다. 그리고 제제는 공부를 하고 나는 기타를 연주하거나 수업 준비를 한다. 늦은 오후가 되면 나는 우쿨렐레와 기타 수업을 하고 제제는 게스트를 맞는 것의 반복이었다. 가끔 별마로 천문대에 가는 게스트들을 차로 데려다 줄 때 돗자리와 따뜻한 차 한 잔을 가지고 가서 게스트가 천문대를 관람하는 동안

야경을 바라보며 도란도란 이야기를 나누고 게스트와 함께 내려오기도 했다. 주말이 되면 영월의 구석구석을 여행하기도 하고 여름엔 우리만 아는 계곡에 가서 물놀이를 하기도 했다. 여행지에 살기에 굳이 시간과 돈을 내지 않고도 마음을 씻을 수 있는 시간을 낼 수 있었다. 그때의 우리는 뭔가 대단한 것을 하지 않아도 참 행복했는데, 집 거실에 앉아 쏟아지는 햇볕을 맞으며 고양이들과 뒹굴고 강아지와 집 앞 산책을 하는 것만으로도 큰 행복감이 느껴졌으니 말이다. 내가 사랑하는 사람이 있고 우리를 즐겁게 해주는 귀여운 동물들, 그리고 우리의 공간, 그곳을 방문하는 사람들의 이야기, 나와 제제가 가지고 있는 목표를 향해 달려가는 길 위에서의 약간의 긴장감. 전체적으로 느긋한 영월의 분위기. 이런 것들이 균형 있게 잘 맞았던 게 아닐까. 생각해보면 그 가운데를 관통했던 가장 중요한 것은 일상의 단순함이었다. 많은 사람이 나를 찾고 많은 자리에서 불러주는 현재와 비교해보면 2017년의 그때의 일상은 매우 단순했고 여백이 많았으며 그 순간순간을 매우 충실히 느꼈던 한 해였다. 스케줄에 쫓겨 바쁜 일정을 보내는 순간이 오면 늘 마음속에서 행복한 순간으로 돌아갈 수 있게 나를 교정해 주는 가늠좌는 항상 이것이다. 최대한 단순하고 깊게, 그리고 천천히.

노래를 만들고 부르자

영월에는 여행자의 노래라는 곳이 있다. 이곳은 두 부부가 운영하는 작은 도서관과 게스트하우스, 그리고 레스토랑인데 주말엔 이곳에서 '여놀장'이라는 시장도 열린다. 우리가 영월에 정착한 지 얼마 되지 않았을 때에 알게 된 이곳은 여러모로 영월이 처음인 사람들이 마음 붙이기 참 좋고 고마운 곳이다. 2층 단독주택과 앞마당, 그리고 그 옆 작은 간이 건물로 이루어져 있는 이곳은 세련되고 매끈하진 않지만 어린 시절 살았던 우리 집과 같은 정겨움이 있다. 두 부부의 인심도 또한 그렇다. 이곳에서 주말마다 열리는 장에 가끔 지구별 음악회라는 이름으로 작은 무대가 만들어지곤 했는데 나는 종종 여기서 노래를 불렀다. 홍대나 인천 등 내가 예전에 활동하던 곳에서는 나와 같은 인디 가수가 노래를 할 수 있는 공간이 많았다. 인천의 크고 작은 카페와 홍대 인근의 살롱노마드, 빵, 더빅바나나 등 인디 뮤지션과 관객이 만날 수 있는 장소에서 노래를 하던 것이 익숙하던 나는 영월에도 그런 곳들이 있으면 좋겠다고 생각했지만 당연히 없었다. 어느 곳이든 기타를 연주하고 노래를 부른다고 하면 트로트, 7080통기타 노래를 불러달라고 했기에 내가 노래를 부를 수 있는 곳은 별로 없었는데 이 여행자의 노래의 작고 소박한 무대가 영월에서 내가 노래할 수 있는 유일한 곳이었다. 음악을 공부하고 작곡을 하겠다고 영월에 내려왔는데 아이러니하게도 이곳에 나의 음악을 보여줄 곳이 없다! 그래서 공연은 주로 영월이 아닌 도시지역에서 했다.

그러면서도 꾸준히 곡을 만들 것.
계속 음악 공부를 할 것.
기회가 된다면 영월 사람들에게 나의 노래를 들려줄 것.
일주일에 한 곡씩 작곡할 것.

노래를 부르고 기타를 연주하는 것보다 더 좋아하는 곡 쓰기이지만 그럼에도 매우 어렵다고 느껴지는 순간들이 많다. 야심 차게 일주일에 한 곡씩 쓰기로 스스로에게 다짐했건만 뭔가를 쉴 새 없이 만들어내는 것은 너무 어렵다. 곡은 뭔가 영감이 올 때 쓰는 것이 아닌가? 억지로 곡을 만드는 것은 너무 작위적인 것 아닐까? 이런 것들이 궁금해지기도 했는데 결론은 '그럼에도 계속 써야 한다'이다.

나는 곡을 쓰는 것과 글을 쓰는 것은 다르지 않다고 생각하여 글쓰기에 대한 책을 많이 읽는다. 그런데 많은 글쓰기 책들에서 공통적으로 이야기하는 것이 바로 좋은 책을 많이 읽고 계속해서 습작을 하는 것이다. 마치 회사원이 매일 같은 시간에 출근하고 일정 시간 동안 일하는 것처럼 매일매일 일정 시간 반복적인 글쓰기를 하며 창작의 잔근육을 길러내는 것이 필요하다는 것이다. 나는 단지 이 문장에서 글쓰기를 곡 쓰기로 바꾸어 적용해보려고 했다. 때로는 이 시간들이 고통스럽고 자괴감이 들기도 했다. 하지만 몰입의 순간은 매혹적이고 곡을 만들면서 느껴지는 기쁨은 그 무엇과도 바꿀 수 없을 정도로 좋았다. 그럼에도 일주일에 한 곡씩 쓰는 것은 쉽지 않아 매번 실패하곤 했는데 어느 날은 무엇에 대해 써야 할지 생각이 안 나 고민하던 중 지금 나의 이 순간에 대해 써보기로 했다. 그렇게 작심삼일이라는 노래가 만들어졌다.

♪ 작심삼일 ♪

휴 오늘도 실패야 역시 난 작심삼일
매번 잘 해야지 하는데 왜 자꾸 안될까
나 만 빼고 다른 애들은 다 잘나가는데
특별할 것 없는 내가 잘 할 수 있을까

하지만 이렇게 생각하면 어때
지금 우린 실패한 게 아니라
가장 작은 한 걸음을 걸어갔다고
생각한 것보다는 작지만
그래서 맘엔 썩 안 들지만
분명 우린 자라고 있다고
인생은 그런 거니까

어릴 적 생각해보면 난 요만한 아이
근데 지금 이렇게나 훌쩍 커버렸잖아
키는 그럴 수 있어 하지만 행복은 다를걸
뭔가 특별한 방법이 있을 거야 나만 모르는

하지만 이렇게 생각하면 어때

지금 여기 있는 나의 모습이

그 어느 때보다 더 빛나는 중이라고

생각한 것보다는 작지만

그래서 맘엔 썩 안 들지만

분명 우린 자라고 있다고

내일의 그대여 파이팅

그대여 힘내요

잘 할 수 있어요

그대여 파이팅 그대여 힘내요

당신은 그대로도 아름다운 걸

7개월만의 합격, 제제 공무원 되다!

나도 공시생의 시절을 겪었기에 수험생의 기간이 얼마나 고되고 힘든지 너무나 잘 알고 있다. 제제가 하고 싶은 길을 선택한 것과 별개로 정해진 인원의 자리에 들어가기 위해 스스로를 연마하는 시간을 보내는 것은 또 하나의 도전이다. 늦가을부터 다음 연도 초여름까지 제제는 꼬박 7개월을 책상 위에서 보냈는데 필기시험 날이 다가올수록 책상 위에 앉아 있는 시간이 길어졌고 그만큼 나는 제제의 몫까지 다락방의 일들을 혼자 맡아 애를 쓰며 운영했다. 이 시기에 행복감이 가장 크다고 했지만 그와 동시에 밀도 높은 긴장감도 늘 공존했다. 제제의 빈자리는 티가 났고 제제가 해야 하는 영역 중 내가 할 수 없는 부분들이 많아 자연히 축소 운영을 하게 되었다. 우리의 통잔 잔고의 숫자도 점점 줄어들었다. 통장 잔고에 예민하지 않았던 나와 달리 제제에게 통장 잔고가 줄어든 다는 것은 매우 일어나서는 안되는 일이었다. 그 불안함 들을 제제는 견디었고 그런 제제를 나는 견뎠다. 해가 넘어가고 시험일이 가까워지는 두 계절 동안 나는 나의 음악을 잠시 멈추고 제제에게 집중했다. 어렵게 찾은 꿈을 이루기를 진심으로 바랐다. 시험을 준비하면서 내가 도움이 될 수 있는 것이라면 뭐가 있을까? 내가 지금 생각해도 아주 잘 전수해 주었다고 느끼는 필살기가 있다. 바로 찍기의 기술! 과목 공부야 본인이 알아서 잘 해야겠지만 다년간 공무원 시험을 경험한 바로는 아무리 생각해도 풀 수 없는 문제가 생겼을 경우 몇 번으로 찍느냐가 합격의 당락을 좌우하기도 한다. 찍는 것도 실력이라는 사실. 하하! 이건 아무에게도 알려주지 않은 나만이 터득한 비법인데 이것을 전수할 기회가 생기다니! 제제의 합격엔 나의 이 비법이 큰 역할을 했다고 믿어 의심치 않는다. 이러한 우여곡절 끝에 제제는 최종 합격을 한다.

드디어 제제는 하고 싶은 일을 찾았고 그 일을 하게 되었다.

제제 씨가 공무원 시험 준비 7개월 만에
9급 국가직과 지방직 두 개의 시험을 합격했다.

To. 앨리스

앨리스가 아니었다면 지금 이 공간에서 이런 경험을 상상이나 할 수 있었을까?

기다려줘서 고마워... 많이 힘들었을거야... 알면서도 모르는 척 했던거 미안해...

이제, 시작이다.

나는 앞으로 나의 행복을 더 적극적으로 찾을거야.
그리고 앞으로 다가올 새 행복에 앨리스의 성장이 첫번째이자 베이스라는거...

우리 잘 해왔고
잘 하고있고
잘 해낼거야.

여보... 사랑해

짧았지만 수험 기간은 우리 둘에게 힘들었다.

하지만 그 기간동안 우리는 매우 스펙타클한 시간들을 보냈다.

가슴 졸이고 긴장하고 울고 웃고 기뻐했다.

오늘 밤 관양시장 가로등 길을 홀로 걸으며

당신과 함께 했던 많은 밤들을 생각한다.

서울에서 직장을 그만두고 방황하던 그 시절
자신을 돌아보기로 하면서
인생의 터닝포인트가 된 영월로 향하던 그날 밤.

15년 전 스물한 살 스물다섯 살에
서로의 상처를 쓰다듬으며 언젠가 아무도 모르는 곳에서
우리 둘이 살자고 두 손잡고 말했던 밤.

그리고 남편과 아내라는 이름으로 통장 잔고와 싸워가며
서로의 마음을 붙잡고 견딘,
짧지만 긴장된 몰입의 기간을 거쳐 얻어낸
합격 소식을 함께 들은 오늘 밤.

당신과 함께 한 수많은 밤들이
내 머릿속을 스쳐 지나간다.

오늘 밤은 당신이 나에게 더 이상의 불안함은
없을 거라고 한 약속을 지킨 날이다.

그래서 난 오늘 밤 이 시간을 잊을 수가 없을 것 같다.

앞으로 나를 지켜줄 당신과 함께 할

더 많은 밤들을 기다린다.

- 2017.7.14.

다락방, 안녕

제제의 합격은 많은 것을 의미한다.

고정적이고 안정된 수입이 생긴다는 것. 그리고 다락방의 운영자가 새로운 직장으로 떠난다는 것. 이제 나 혼자 운영할 수 있도록 다락방의 규모를 축소해야 한다는 것.

수험생이었을 때부터 제제는 합격하게 되면 내가 음악 공부에 조금 더 집중했으면 좋겠다고 말했다. 음악 공부를 하기 위해 영월에 왔는데 제제의 수험 기간동안 내가 많은 것을 내려놓은 것이 마음에 무척 걸린 모양이었다. 사실 제제의 수험 기간동안 나는 다니던 대학을 휴학했었는데 제제의 합격과 함께 나는 다시 복학을 했고 다시 음악 공부에 전념을 할 수 있게 되었다.

다음 해 발령이 나기 전까지 제제는 다락방 운영을 계속 해나갔고 나는 조금씩 나의 공부에 집중하기 시작했다. 겨울이 지나고 봄이 올 때 즈음 우리는 앞으로 변화하게 될 우리의 일상을 예상해보고 그에 맞는 구조조정을 조금씩 하기 시작했다. 음악교실은 내가, 게스트하우스는 제제가 운영자였는데 만일 제제가 회사에 들어가게 되면 그동안 분담해야 했던 일들을 다 내가 맡아서 하게 될 것이었다. 그렇게 되면 예전 라브리사에서처럼 공간을 지키기 위해 쉴 새 없이 일하는 일상의 재현이 될 것 같았다. 하지만 그동안 우리가 만들고 사람들과 나누었던 이 공간을 잃고 싶지 않았다. 우리는 겨울 동안 머리를 맞대고 좋은 방법을 계속 찾아보았다. 게스트하우스 조식과 청소는 모두 오전 시간인데 저녁에 수업이 있는 나에게 오전 시간은 나 자신에게 집중하는 공부 시간이다. 제제의 퇴근시간은 6시 이후가 될 것이고 그 시간대는 이미 게스트를 맞이한 이후가 된다. 더군다나 이제 막 입사한 신규직원인 제제의 회사 생활에도 어떤 일들이 펼쳐질지 알 수 없으므로 이제 우린 각자의 생활패턴을 만들어야 하는 때가 왔다는 사실에 동의했다. 영월에 처음 왔을 때 제제는 회사에 가고 나는 나의 공간에서 음악을 하던 것이 당연한 일이었는데 지금은 우리가 함께 하지 않는다는 게 더 어색한 일이 되어버렸다. 이렇게 생각하다 보니 결국 게스트하우스와 음악교실을 운영해야 하는 건 나이고 선택은 나의 몫이라는 것을 알게 되었다. 게스트하우스 vs 음악교실, 게스트하우스 vs 내 음악. 생각을 하면 할수록 하나는 버려야 한다는 결론이 나왔다. 모든 것을 다 가질 순 없다. 제제가 꿈을 이루고 좋은 직장을 가지게 되었다는 것은 너무나 기쁜 일인데, 그동안 우리가 키워왔던 정들었던 곳을 없애야 한다고 생각하니 슬프고 아쉬웠다. 하지만 한 발짝 앞으로 나아가기 위해서 우리는 선택을 해야 한다. 제제는 우리가 내릴 수 있는 가장 최선의 선택을 하자고 했다. 바로 다락방의 임시 휴업. 내가 공부에 전념하고 제제가 회사 생활에 적응하고 안정화될 동안 다락방을 잠시 쉬는 것이다. '다락방을 쉰다'라는 것에는 공간을 더 이상 운영하지 않기에 공간을 떠난다는 의미이기도 했다. 우리의 정들었던 다락방 공간이 없어지는 것이다. 더불어 이 공간을 방문했던 사람들에게도 더 이상 찾아올 곳이 없다는 것을 의미했다. 2018년 4월 다락방 게스트하우스는 문을 닫게 되고 음악교실은 축소화되어 우리 집의 작업실에서 운영하게 되었다. 그리고 우리의 다락방은 이제 가죽 공방 운영자의 새로운 작업실이 되었다. 우리는 다락방을 정리하면서 이건 끝이 아니고 우리의 성장을 위해서 잠시 쉬는 거라는 걸 다시금 기억하기로 했다. 언젠가 너무 멀지 않은 시기에 꼭 앨리스의 다락방을 다시 만들기로 우리는 손가락 걸고 약속했다.

앨리스의 다락방 게스트하우스가 영업을 종료합니다.

안녕하세요. 제제와 앨리스입니다.

앨리스의 다락방 게스트하우스가 4월까지 운영을 하고 영업을 종료하게 되었습니다.

그동안 저희 게스트하우스를 이용해 주시고 아껴주셨던 많은 분들께 감사의 인사드려요.

다시 방문해 주시기로 했던 게스트분들이 참 많은데 너무 아쉽습니다.

저희 부부는 5년 전 영월에 귀촌 한 이후 각자의 삶을 돌아보고 서로의 꿈을 찾고 이루기 위해 노력해왔는데, 그 기간 동안 저희에게 힘이 된 공간이 바로 이 다락방입니다.

그동안 이곳은 저희에게 최소한의 경제적 수입원이었고, 삶을 여행하듯 살자는 인생관을 가지고 있는 저희 부부가 매너리즘에 빠지지 않고 매일 자신을 돌아볼 수 있게 해주는 멋진 사람들을 만나게 해준 공간으로 우리에게 아주 고맙고 소중한 것들을 선물해 주는 마법과 같은 공

간이었습니다.

덕분에 충분한 시간 동안 타인의, 관습의 시선에서 벗어나서 우리가 정말 바라는 것은 무엇인가, 어떻게 살아야 하는가라는 질문을 할 수 있었어요.

그 결과 제제는 원하던 회사에 들어가게 되었고 앨리스는 작곡가라는 꿈에 한 발짝 더 다가갈 수 있게 되었지요. 그리고 우리는 이제 우리가 찾은 꿈을 잘 이루기 위해 계속 잘 걸어가야 하고 최선을 다해야 한다는 것을 알아요. 그러기 위해서 앨리스의 다락방 게스트하우스를 잠시 내려놓으려고 합니다. 앨리스가 몇 년 동안 공부를 아주 많이 해야 하거든요. 아주 많이요.

하지만 몇 년이 지난 후에 바닷가 어느 작은 마을에서 꼭 다시 앨리스의 다락방 게스트하우스를 다시 오픈하기로 했어요. 우리는 여전히 삶을 여행하고 있고 또 다른 여행자들을 만나 이야기를 나누고 싶거든요.

그 시간에 우리는 어디에 있을지, 또 어떤 모습으로 무엇을 하고 있을지 모릅니다. 하지만 알 수 없다는 그 사실이 인생을 더 흥미진진하게 만들지요.

우리를 잊지 마세요. 그리고 꼭 우리를 다시 찾아오세요 언젠가!

- 제제와 앨리스 -

고마운 사람들

다락방이 없어진다는 소식에 많은 사람들이 아쉬워했다. 기타와 우쿨렐레를 더 이상 배우지 않는 아이들도 다락이와 우리를 보러 종종 놀러 오기도 했고 단골 게스트들이 유난히도 많아서 재방문을 약속한 분들도 많았기 때문이다. 그리고 함께 노래 부르고 악기를 연주하던 공간에 정들었던 많은 수강생분들도 너무 아쉬워해서 미안한 마음이 더 많이 들었다. 하지만 그럼에도 모두가 다 고마웠다. 제제의 합격을 진심으로 축하해 주고 음악가로 한걸음 더 내디디려는 나의 선택을 모두 응원하고 이해해 주었다. 어쩌면 그렇게 마음이 따뜻하고 너그러울 수가 있을까? 그래서 나는 우리 다락방에 오시는 분들을 식구들이라고 부른다. ' 다락방 식구들' 지금도 우리 다락방 식구들은 든든한 나의 지원

군이다. 게스트하우스와는 달리 음악교실은 우리 집에서 계속 운영을 했는데 기존의 위치했던 다락방보다 읍내에서 더 들어가서 차가 없으면 오기 힘든 위치였다. 더구나 우리 집이었기에 나도, 수업을 받으러 오는 분들도 마냥 편하지만은 않았을 것이다. 그럼에도 각자의 불편함을 감수하면서 나는 이동시간을 최소화하여 대학 공부와 음악 작업시간을 최대한 많이 벌었고 레슨을 받으시는 분들은 아무런 불평 없이 수업을 받으러 와주었다. 나는 그 은혜를 아직도 잊지 못한다. 그래서 나와 수강생들과의 관계는 길고 깊다. 아직도 정해진 인원 이상 수강생을 받지 않는 나의 원칙은 그대로이다. 내가 그분들에게 보답할 수 있는 길은 최대한 오래, 진심으로 함께 악기를 연주하는 것이라고 생각한다.

공부 공부 공부

출퇴근을 하지 않게 된 후 나에게 쏟는 시간은 전에 비해 훨씬 많아졌다. 공부에 대한 집중도도 높아졌다. 나의 하루 일과는 이제 조금 달라졌다. 그리고 제제와 늘 함께 했던 일과에서 벗어나면서 '우리'에서 '나'로 에너지가 집중되었다. '우리' 와 '나'는 다른 느낌이다. 제제와 함께 했던 '우리'는 느슨하고 달콤하고 바닷물이 출렁거리는 행복한 느낌이다. 반면에 '나'에게 집중하는 시간은 톡 쏘는 칠리소스 같은 느낌이다. 번개같고 꽉 들어차며 압도하는 감정이 조금 어지럽기도 하다. 하지만 매우 매혹적이다. 나에게 집중할수록 마음속 수면 아래로 내려가 감정의 밑바닥을 정면 응시하는 시간들이 많아졌고 마주 보는 것들을 기록하고 싶어졌다. 나는 사이버 대학을 다녔는데 영월과 거리가 먼 수도권의 대학들에 매일 통학할 수 없는 이유 때문이다. 한편으로는 사이버대학을 다니는 것이 정말 옳은 선택일까라는 고민을 한 적이 있다. 만일 내가 영월에 내려오지 않고 서울에 살았다면 제제처럼 입시 공부를 해서 늦깎이 대학생이 되어 학교를 다녔을 것이다. 하지만 나는 영월에서 음악 공부를 하고 싶었고 내가 배우고 찾고 싶었던 것은 단지 이론과 실습에 국한된 것이 아니었다. 창작을 하려면 내 마음속을 들여다보고 어떤 이야기를 할 것이며 나의 세계관을 어떻게 만들어갈 것인지가 중요하다고 생각했는데 나에게 그것을 찾는 곳은 영월이었기 때문이다. 어느 정도 스스로와 타협을 하고 사이버대학에서 강의를 들었는데 생각보다 강의의 질이 높고 수업이 너무 재미있어서 시간 가는 줄도 모르고 수업을 들었다. 음악사와 음악이론들, 작곡법, 기타가 아닌 다른 악기들의 연주법을 배우고 직접 연주하는 즐거움이 너무 컸고 그럼에도 스스로 노력할 부분들도 많고 나 자신이 부족하다는 느낌을 자주 받았지만 이미 이곳에 내려오면서 타인과 나 자신을 비교하지 않기로 했으므로 배우는 것에만 집중했다.

이름

다락방을 그만 두기전에는 사람들이 나를 소개할 때 대부분

"앨리스 우쿨렐레 선생님이에요."라고 했다. 그리고
"게스트하우스를 운영하기도 하지요."라고 덧붙인다.

그런데 내가 운영하던 공간이 없어지고 나니 이제 사람들이 나를
"싱어송라이터 앨리스예요."
"직접 노래를 만들고 부르는 분이에요."
라고 소개하기 시작한다.

그리고 영월에서 나의 노래를 불러달라고 요청하는 일이 조금

씩 생기기 시작했다.

사진 전시회와 시 낭송회 행사 요청이 많았고 각종 크고 작은 행사에 공연을 서게 되었다. 그러면서 차츰 나의 노래를 좋아하는 사람들이 생겨나게 되었다. 서울과 경기지역 외에도 영월, 제천, 충주지역의 무대에서도 나의 노래를 하게 되었다. 나와 나이가 같은 친구들과 '격주 로맨스'라는 프로젝트 그룹 활동도 했다. 다락방을 그만두고 음악에 집중하면서 조금씩 변화가 생겼다. 나의 음악적 가능성을 보아주고 조언을 아끼지 않은 분들도 생겨났고 다큐멘터리 작곡의 기회도 얻었다. 덕분에 나는 한걸음 더 성장할 수 있었다.

밴드가 아닌 싱어송라이터로 무대에 설 때 나는 내 본명이 아닌 다른 이름을 써왔다. 하지만 이젠 나의 이름을 사용한다. 예전엔 나의 이름이 촌스럽고 흔하다고 생각했는데 이젠 내 이름이 좋다. 나의 있는 그대로의 모습과 목소리로 사람들에게 노래하고 싶어졌다.

"안녕하세요. 저는 노래하는 변선희입니다."

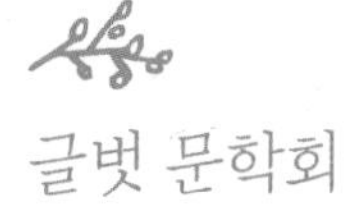

글벗 문학회

노래를 만들 때 가사를 쓰는 것이 멜로디를 쓰는 것보다 내겐 어렵다. 제일 처음 작곡을 했을 때에는 가사를 쓰는 사람들과 협업을 많이 했다. 하지만 결국 가사도 써야 한다는 걸 알기에 꽤 오랫동안 가사를 쓰려고 노력을 해왔었다. 가사 습작도 많이 해보고 내 가사에 곡도 붙여보았는데 왠지 내가 쓴 가사는 맘에 들지 않았다. 그러던 중 영월의 한 문학단체에서 주최하는 출판기념회 겸 시 낭송회 행사에 초대되어 노래를 하게 된 인연으로 그 문학단체에 가입을 하게 되었다. 바로 글벗 문학회라는 문학 동인인데 글을 쓰는 분들이 모여서 매주 써온 시를 함께 읽고 합평을 하는 활동과 글쓰기에 도움이 될만한 책과 강사를 초대해 강의를 듣기도 하는 모임이다. 그리고 한 해 동안 일궈온 시와 글들을 모아 매년 문집을 발간하는데 올해 벌써 스물한 번째 문집을 발간해온 역사가 긴 단체이다. 지역에서 활동하는 시인분들과의 교류도 활발한 덕에 나도 시를 쓰시는 많은 분들을 알게 되었다. 새 회원가입은 기존 회원이 만장일치가 되어야 가입을 할 수 있는데 나는 시인도 아니고 시를 쓸 줄도 몰랐으므로 가입 조건에 부합하지 않았지만 노래에서의 '시'인 가사를 쓰고 싶다는 당찬 포부와 가장 나이가 어린 막내라는 어드밴티지로 가입을 하게 되었다. 지금은 남자 회원분들도 계시지만 당시에 글벗 문학회 분들은 모두 여성분들이었는데 모두 한결같이 부드러우면서도 강

한 내면을 가지고 계셔서 매우 인상적이었다. 만남의 주제는 한결같이 '시'였고 서로의 사유와 그것을 풀어나가는 방법들 각자의 생각을 가감 없이 나누는 모습들에 매료되었다. 나보다 훨씬 많은 나이의 회원분들은 내가 써온 글들을 진지하게 대해주었고 부끄럽게 내놓은 글들이 글벗님들에게 해부될 때면 쥐구멍에 숨고 싶을 정도로 얼굴이 빨개졌지만 그 안에 느껴지는 온정은 나를 계속 글 쓰게 만들었다. 글벗에서 시와 글을 배우면서 알게 된 것은 시와 노래 가사는 분명 다르다는 것. 그럼에도 시를 계속 쓰는 것은 가사를 쓸 때 매우 도움이 된다는 것이다.

글벗 문학회 활동을 하고 달라진 게 있다면 요즘엔 시를 써야지 또는 가사를 써야지라고 생각하고 시작하는 게 아니라 어떤 생각과 감정이 느껴질 때 아무 생각 없이 자연스럽게 글을 쓰게 되는 것이다. 그리고 나중에 글을 다 마치고 나서야 그 글의 정체가 시인지 노래 가사인지 짧은 수필인지 알 수 있게 된다. 올해가 글벗에서 글을 배운 지 4년째인데 나는 이제야 조금 글맛을 알았다. 아직 멀고 먼 애송이에 불과하다. 하지만 그 덕에 지금 이 책도 쓰고 있다.

시를 노래해

여러 사람의 시가 한가득 있는 글벗 문학회는 나에게 물고기가 가득한 바다였다. 맘에 드는 시 하나를 골라 멜로디를 붙이면 금세 노래가 되었다. 첫해에 그렇게 붙여 만든 노래가 두 곡이었다. 처음엔 재미로 시작했는데 글벗 회원님들의 반응이 매우 뜨거웠다. 다른 영역의 만남이 매우 새로웠기도 했을 것이고 자신의 시가 노래가 되어 불리는 것에 시인님들이 진심으로 행복해하셔서 나도 무척 기뻤다. 그리고 다음 해에도 두 시를 골라 노래를 만들었고 그렇게 만든 곡이 8곡이다. 시를 노래하는 것은 나에게도 새로운 경험이었다. 노래 가사를 염두에 두고 쓴 글이 아니기에 좀 더 투박하고 개인적이었지만 그 나름대로 깊이와 특유의 색이 있었다. 나는 마치 조련되지 않은 말을 타는 것처럼 진한 색을 가진 시의 형식을 노래 가사로 다듬는 작업을 했는데 최대한 시어와 순서를 변형시키지 않으려고 노력해야 했고 가사를 추가할 때도 전체적인 분위기가 이어질 수 있도록 해야 했다. 이 과정은 나에게도 굉장한 공부가 되었고 일반적인 가사를 쓰는 것과는 다른, 시를 노래하는 매력을 발견하게 되었다. 글벗 문학회를 통해 알게 된 푸른 사상의 맹문재 시인님께서 이런 나를 여러 많은 시인분들에게 소개해 주셨고 어느 날부터 우리 집에는 시집들이 하나둘 도착하기 시작했다. 시와 노래의 협업에 관심이 있으신 시인분들이 자신의 시집을 보내주신 것이다. 그중에는 동시도 있었고 이미 노래로 만들어진 시 노래집을 보내주신 분들도 계셨다. 내 책장 한 줄을 가득 메운 전국에서 보내진 시집들을 읽고 마음을 두드리는 시의 페이지를 접어놓았다. 아직 시작을 하지 않았지만 곧 '노래하는 시'라는 이름으로 많은 시인분들과 프로젝트 작업을 할 계획에 있다.

♪ 그랬나봐 ♪

바람이 사르르 지나가니 꽃잎들 잠깐 흔들리고

그리움 스르르 지나가니 마음은 하루 종일

그랬나봐 오래 머무를 걸

조금 더 자세히 보고 눈 속 가득 담을 걸

조금 더 천천히 보고 차곡차곡 쌓아둘걸

외면해버린 기억들 선뜻 나타나질 않아

그 하루 속에 있었던 말 표정 이름 약속

그랬나봐 오래 머무를 걸

조금 더 자세히 보고 눈 속 가득 담을 걸

조금 더 천천히 보고 차곡차곡 쌓아둘걸

그럴 걸 그럴 걸

- 이 곡은 신현주님의 시 '흔들리고' 와 '그랬나봐'를

가사로 바꾸어 만들었습니다.

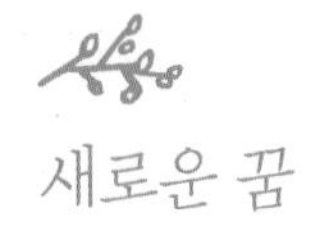

새로운 꿈

평소 컴퓨터 음악에 관심이 있었다. 캐스커라는 그룹을 좋아하는데 컴퓨터로 만들어내는 따뜻한 느낌이 너무 좋았다. 내가 주로 만들고 부르는 인디 포크 장르 외에 다른 장르의 음악들도 많이 들었는데 특히 류이치 사카모토의 영화적 연극적 전개가 있는 연주곡들과 영국 프로듀서인 Bonobo의 뉴다운 템포의 곡들로부터 매우 인상적인 느낌을 받았다. 아이패드를 구입하고 그 안에 있는 개러지밴드라는 앱에 내장된 다양한 악기 음원을 사용하여 새로운 장르의 곡들을 습작하기 시작했고 피아노를 연주하다가 짧게 구상한 곡들의 아이디어도 머릿속에 넣어놓았다. 아직 걸음마에 불과한 짧고 단순한 곡들이었는데 영월문화재단에서 제작하던 짧은 다큐멘터리 삽입곡을 만들어달라는 기회가 왔고 거기에 그 곡들을 다듬어 넣는 작업을 해보았다. 첫 작업이라 거칠고 투박한 것들 투성이였지만 작업을 하면서 새로운 작곡의 영역을 경험해 보았고 이 분야에 관심이 커지게 되었다. 가까운 주변에 있는 사물들이 내는 다양한 소리들을 사운드 샘플로 만들어서 음악을 만들어 보고 싶어졌고 그러기 위해서 미디 음악과 시퀀싱 프로그램을 열심히 배우고 있다.

나는 보사노바 음악을 매우 좋아한다. 보사노바는 브라질 삼바의 음악형식을 가지고 있지만 더 느긋한 리듬과 감미로운 코드와 멜로디로 인해 전 세계 사람들에게 사랑받는 리듬이 되었다. 나는 우리 국악의 리듬 또한 그렇게 되었으면 좋겠다는 생각을 한다. 현재 우리 국악 민요와 판소리가 한류의 열풍을 타고 새로운 형식으로 퍼져 나가고 있다. 또한 트로트 장르도 점점 더 많은 연령층에게 사랑받고 있다. 이렇게 국악의 현대화와 장르의 세분화가 진행되고 있는 요즘, 나와 같은 취향의 사람들이 즐길만한 느긋한 분위기의 리듬과 전개가 있는 국악도 있었으면 좋겠다. 국악 장단을 어떻게 연주하고 해석하면 그렇게 할 수 있을까? 그것이 나의 또 다른 관심 영역이다.

나는 계속 기타를 연주하고 노래를 부르고 있지만 이 새로운 두 영역의 연구에 많은 관심이 가고 있다. 계속해서 관심을 가지고 조금씩 영역을 확장하면서 배우고 만들어간다면 분명 뭔가 재미있는 것이 나올 것만 같다.

소년과 고양이 그리고 나

내가 영월에서 보호직공무원으로 재직했을 당시 내가 담당하던 소년이 있었다. 법원으로부터 보호관찰 처분을 받은 열다섯 소년이었는데 내가 공무원을 그만둔 이후에도 가끔 연락을 주고 받으며 내가 만든 노래를 들려주곤 했다. 그 소년은 나에게 힘들 때마다 나의 따뜻한 말과 노래가 힘이 되었고 터널 속 한줄기 빛과 같은 역할을 했다고 말했다. 나의 노래가 누군가에게 그런 힘이 될 수도 있다는 사실에 놀랐고 너무 고마웠다. 10년이 지나 성인이 되고 군대에 다녀오고 새로운 직장을 구하면서 여러 힘든 과정에도 노력하고 있다며 자신의 소식을 전하는 그 친구가 매우 대견스러웠는데 그러던 어느 겨울 그 소년으로부터 전화가 왔다. 울고 있었다.

"선생님, 저처럼 부모도 없고 가진 것도 없고 배운 것도 없는 사람은 어떻게 하면 행복해질 수 있어요? 너무 힘들어서 다 포기하고 싶어요."

나는 그 아이처럼 부모가 없거나 가진 것이 없거나 배운 것이 없지 않았다. 늘 부족하다고 생각했지만 난 사실 많은 것들을 가지고 있었다. 그 소년의 질문에 나는 대답할 수 없었다. 무슨 말이라도 해주고 싶었지만 느껴지는 절망의 울음에 적절한 대답을 찾지 못하고 있었다. 나는 무슨 일인지 묻고 일단 영월에 내려오라고 같이 길을 찾아보자고 이야기했지만 결국 아이는 내려오지 않았

다. 이야기를 들어준 것만 해도 고맙다고 했다. 두 번의 실수를 저지르지 않고 지금까지 그 자리에 있는 것만으로도 충분히 칭찬받을만한 아이였다. 하지만 전화를 끊고 나서야 그 말이 생각났다.

그로부터 며칠 뒤 둘째 고양이 렐레를 잊어버렸다. 렐레는 외출 냥이였는데 바깥 산책을 나갔다가 돌아오지 않았다. 눈이 곧 내릴 것 같은 12월의 날씨였는데 이틀이 지나도 렐레는 돌아오지 않았다. 제제와 나는 전단지를 만들어 붙이고 매일 주변을 샅샅이 뒤지며 렐레를 찾았고 선천적으로 귀가 잘 들리지 않는 렐레는 우리의 소리도 들을 수 없었다. 12월 한 달 동안 큰 눈이 세 번이나 왔는데 우리는 눈이 올 때면 더 오랫동안 자주 렐레를 찾으러 다녔고 도무지 렐레가 보이지 않자 낯선 사람을 잘 따르는 성격이므로 누군가 데려가서 잘 키웠길 바라면서 하루하루를 보냈다.

그렇게 12월 한 달이 지나고 다음 해 1월 1일 아침. 머리를 감고 드라이기로 말리고 있는데 갑자기 다락이가 마구 짖기 시작했다. 계속되는 짖음에 드라이기를 끄고 다락이를 보다가 순간 벌떡 일어나 문가로 달려갔다. 렐레가 울고 있다. 다락이가 렐레가 왔다고 알려준 거다! 그렇게 기다리던 렐레가 돌아왔다. 계단 밑에서

울고 있던 렐레는 이미 뼈만 앙상하게 남은 상태였고 한쪽 발엔 구멍이 나있었다. 이 추운 겨울 밥도 제대로 먹지 못하고 길고양이로부터 공격을 당한 것이다. 우리가 아무리 찾아도 찾을 수 없었던 건 그 고양이들로부터 몸을 피하기 위해 깊은 곳에 숨어있었기 때문이었던 듯했다. 반가운 마음과 미안하고 애처로운 마음이 교차하며 렐레를 끌어안았다. 잠시 외출한 제제가 급히 돌아왔고 우리는 렐레를 몇 번이고 껴안고 잘했다 잘 살아남았다고 계속 이야기해주었다.

렐레를 목욕시키고 병원에서 치료를 받았다. 다행히 상처는 깊지 않았고 충분하게 영양 보충을 해주고 약만 잘 바르면 회복될 거라고 했다. 렐레는 천천히 회복되었고 다락이와 꿀2는 그런 렐레옆에 몸을 기대주었다. 앙상하게 마른 몸으로 잠든 렐레를 보면서 나는 그 아이가 생각났다. 그 아이에게는 렐레처럼 이렇게 돌아올 집이 없다. 그 소년에게 집과 같은 노래를 만들어주고 싶었다.

♪ 소년과 고양이 그리고 나 ♪

긴 계절을 지나
다시 돌아온 너에게
난 그 어떤 말보다
다정한 눈빛을 보낸다

눈 바람 맞으며
검게 굳어진 상처들
넌 눈을 감지 않고
대견하게 이 자리에 있다
긴 바람 스치고 지나간 계절은
언젠가 너를 또 찾아올 거지만
어제의 네가 가지지 않은 그것
한 뼘의 용기와 지혜

긴 하루 끝에 홀로 남겨진 것 같은
외로움이 너를 찾아올 거지만
어제의 네가 가지지 않은 그것
언제나 널 사랑하는 그 맘
언제나 널 사랑하는 내 맘

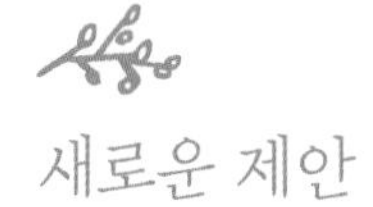

새로운 제안

렐레는 새해 선물같이 우리에게 돌아왔고 2019년은 그렇게 시작되었다. 제제는 영월교육청에 발령이 났고 열심히 새로운 직장에 적응을 하고 있다. 나도 올해에는 어떤 새로운 프로젝트를 해볼까 하는 고민도 하면서 1월을 보내고 있었는데 전에 다락방에서 기타를 배웠던 영월군청 공무원에게 연락이 왔다. 마차리 마을재생사업에 함께 하지 않겠냐는 제안이었다. 마을재생사업(도시재생사업)이란 노후화되고 낙후된 도시를 활성화시키기 위해 폐공가를 활용하는 등 다양한 방법으로 지역의 활력을 도모하는 사업이다. 마차리는 한때 광산이 있었던 지역으로 현재는 폐광지역이 되어 젊은 사람들이 대부분 떠나가 마을의 구성원의 평균나이가 높다. 영월군에서는 이 마을을 되살리고자 2018년 마차리 폐광촌 프로젝트로 도시 디자인을 새로 했는데 그로 인해 국토교통부 장관상을 받을 정도로 마을이 예쁘게 재정비되었다. 마차리 특유의 한적함과 아기자기함도 더해져 이 마을의 매력과 가능성은 분명히 있었다. 나는 이곳에 옛 소방 파출소 자리에 들어설 예정인 화덕피자 체험장과 게스트하우스를 다자인하고 운영, 관리하는 매니저의 제안을 받게 되었다.

그 이후에 닥칠 일을 미리 알았더라면 나는 그 제안을 분명 거절했을 것이다. 음악을 하겠다고 그렇게 정들었던 다락방마저 처분했던 나의 대단한 결심이 도대체 왜 흔들렸을까! 그건 바로 다름 아닌 게스트하우스 때문이었다. 다락방을 처분하고 일 년 동안 음악을 하며 지냈던 시간 동안 많은 성장이 있었다. 하지만 마음 한구석에는 공간에 대한 그리움, 특히 게스트하우스에 대한 그리움이 있었다. 도면이 만들어지고 있는 아무것도 정해지지 않은 하얀 도화지 같은 건물이 서 있고 그 건물의 내부 구성과 운영을 내가 짤 수 있다는 것은 매우 재미있는 일이었다. 더군다나 새로운 것을 만드는 걸 좋아하는 나의 기질도 관심을 가지게 했다. 마음속에선 음악 공부를 계속해야 해! 와 새로운 것들을 해볼 수 있는 좋은 기회잖아. 한번 해보자! 가 계속 싸우고 있었고 결국 나는 호기심을 이기지 못하고 마차리로 날아갔다.

여수

마차리에서 매니저 일을 하기로 결심하고 나서 왠지 모르게 마음이 많이 힘들었었는데 무언가 경험해보지 않은 일을 하게 될 것이고 그 일은 분명 쉽지 않을 거란 걸 본능적으로 직감했나 보다. 공연도, 수업도, 연주도 1년 동안은 자유롭게 하지 못하게 된다는 마음이 많이 슬펐다. 그럼에도 앞으로를 위해서 참고 견뎌야 한다는 알 수 없는 결심을 하고 나서 택한 여수행이었다. 바다가 보이는 호텔방을 하나 잡고 하루 종일 바다만 바라보았다. 음악을 들으며 해가 질 때까지 바다와 해를 보고 햇볕을 쬐고 조금 울기도 하며 내 마음을 위로하고 다독여주었다. 예전의 나는 힘들거나 어려운 일이 생기면 잘 도망쳐버리는 아이였는데 이젠 그렇게 하지 못한다. 어른이 되어버린 나 자신이 대견하기도 하지만 한편으론 이젠 더 이상 어리광 부릴 수 없는 내가 되어버린 것이 조금은 서운하다. 따뜻한 호텔방에 앉아 이런저런 생각들을 하면서 이틀을 보냈다. 그렇게 보낸 시간이 무척 좋았는데 그 이후로 나에게 여수는 특별한 곳이 되었다.

♪ 여수 ♪

어디론가 도망치고 싶었어
나를 향한 관심과 기대가
커질수록 깊어질수록
책임져야 하는 마음이 많아질수록

어느샌가 돌아킬 수 없었지
사랑하는 사람들을 지키기 위해
감당해야 하는 것들이 많이도 생겼다

그만큼 난 어른이 되었어
무작정 찾아온 남도의 바다와

지는 해를 가만히 바라보면서
그렇게
나는

그래 난 꼭 나를 위해
진심으로 울어주고 싶었어
무릎에 흔들려도 가슴이 떨려도
아무렇지 않다고 걱정하지 말라고

그래 난 어른이 되었어
무작정 찾아온 남도의 바다와
지는 해를 가만히 바라보면서
그렇게
다시

시간의 흐름 속의 바다는
언제나 그랬듯 나를 안아주네

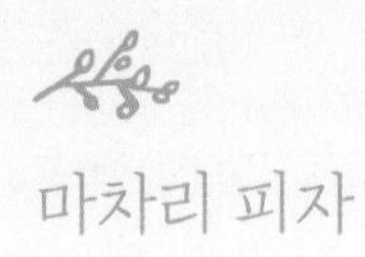

마차리 피자

역시 여수에 다녀오길 잘했다. 마차리에서의 일들은 결코 만만치 않았는데 큰 결심이 없었다면 해 나갈 수 없는 일들이었다. 먼저 게스트하우스를 만드는 일부터 시작했다. 필요한 가구와 가전제품들. 평소 운영하면서 있었으면 좋겠다고 생각한 것들을 모두 그려 넣었고 실제 운영자인 마을 조합분들도 나의 결정을 존중해 주었다. 게스트하우스 이름은 우리의 브랜드를 가져오기로 했는데 기존의 다락방 게스트분들이 이곳에 와주길 바라는 마음에서였다. 침구의 소재와 커튼, 조식과 욕실용품, 인테리어 소품 등 디테일하게 신경 써야 할 부분들이 많았고 하지만 한번 운영해 본 경험을 통해 어렵지 않게 준비할 수 있었다. 이로써 마차리 버전의 앨리스의 다락방 게스트하우스가 생겼다. 예전 분위기와 많이 달랐지만 마차리와 잘 어울렸고 따뜻하고 편안한 느낌은 변함없이 주려고 노력했다. 문제는 화덕피자 레스토랑이다. 사실 솔직히 고백하자면 나는 요리를 잘 못한다. 그냥 요리도 아니고 350도가 넘는 이태리 화덕에 굽는 화덕피자라니! 과연 내가 할 수 있을까? 운영자분들과 군청 직원분도 그렇게 힘들지 않을 거라고 했는데! 사실은 그렇지 않았다. 주방 일을 해보지 않은 우리가 힘든지 알 턱이 없었다. 장작에 불을 붙이는 것부터 고온의 화덕을 데우고 관리하는 법, 반죽을 만들고 토핑 재료를 주문하고 레시피를 외우는 것. 음료와 피클을 만들고 오븐과 식기세척기 사용

법을 익히는 것 등 난생처음 접해보는 일들 투성이였다. 10년 동안 책상에 앉아서 컴퓨터로 일을 하거나 하루 종일 앉아서 기타를 연주하고 노래하는 일만 해온 나에게 주방 일은 체력적 한계를 극복해야 하는 매일의 도전이었다. 무거운 반죽이 담긴 발효통을 들고 몇 번이고 왔다 갔다 해야 했고 무쇠로 만든 무거운 반죽기를 매일 들어 올려 씻고 제자리에 두는 일, 400도의 고온에 땀을 뻘뻘 흘리며 그을음이 얼굴에 묻었는지도 모른 채 불을 피우고 피자를 굽는 과정에서 내가 이렇게까지 해야 하나라는 생각이 여러 번 들었고 주방에 주저앉아 펑펑 운 날도 많았다. 게스트하우스 운영이 시작되면서 게스트 운영 관리와 청소, 빨래 업무까지 더해지면서 나의 하루의 업무량은 라브리사에서보다도, 제제가 수험생이었을 때 내가 감당했던 다락방의 업무보다도 훨씬 많아졌다. 제제는 이 일이 그렇게 힘들 줄은 몰랐다고 하면서 내가 처한 상황에 화를 냈고 당장 그만두기를 권했다. 하지만 나도 참 독하다. 나는 내가 그린 그림이 현실화되는 것을 보아야 했다. 일손이 모자라는 날에는 일손을 덧붙여줄 것을 요구했고 운영진 분들과 의견이 대립할 때에는 큰 목소리로 싸우기도 했다. 피자는 내가 도전해보는 새로운 영역이었고 공간과 예산과 행정적 지원이 있는 상태에서 이깟 체력과 어쭙잖은 자존심 때문에 해내지 못한다는 것이 더 말이 안 된다고 생각했다. 나는 이를 악물고

S.FERRARA

버텼고 실력 있는 선생님들로부터 좋은 레시피를 배운 덕에 꾸준히 연습하여 그래도 맛있다고 자신할 수 있을만한 피자를 만드는데 성공했다. 이 기간 동안 당연히 나는 또다시 휴학을 했고 그럼에도 시간을 쪼개어 곡을 쓰고 노래를 만들었다. 지금 생각해도 그런 힘이 어디서 나왔는지 모르겠다. 그리고 이런 과정을 통해서 바빠서 곡을 못 쓰고 공부를 못한다는 것은 핑계였다는 걸 알게 되었다. 바쁘고 힘들어도 곡은 쓸 수 있다. 이 시기 덕분에 나의 맷집은 단단해졌다.

피자집 제비

마차리에서의 일 년 중 가장 기억에 남는 계절이 있다. 바로 제비가 둥지를 짓고 알을 낳으며 부화가 되어 남쪽으로 날아가는 4월에서 7월이다. 마차리는 제비 마을이라고 불릴 정도로 제비가 많다. 마을 주민들도 제비에 대한 애정이 많고 매우 너그럽다. 마을에서 도예가인 한마을 주민분을 중심으로 제비의 집을 도자기로 만들어 처마 밑에 달아주는 프로젝트가 있었는데 제비가 그 도자기 둥지에 짚을 깔고 알을 낳았다. 무너지지 않는 튼튼한 둥지인 것이다. 그리고 그 아래에는 제비 똥이 바닥으로 떨어지지 않게 막아주는 나무판자를 달아 놓았다. 심지어 집들 중에는 제비 명패가 있는 곳들도 있다. 제비도 마차리 주민인 것 같다.

내가 마차리 피자에서 일하기 시작한 지 얼마 되지 않은 늦봄 무렵 햇볕을 가리기 위해 펼쳐놓은 어닝에 제비가 둥지를 짓기 시작했다. 열심히 둥지를 만들고 알을 낳은 지 얼마 되지 않아 세찬 비바람이 불었는데 어닝이 심하게 흔들려 제비 둥지가 위태로워 보였다. 나는 걱정이 된 마음에 어닝을 고정시키려고 아주 조금씩 움직이며 접었는데 그러던 중 둥지가 바닥으로 떨어져 버렸고 둥지 안에 있던 하나의 알이 깨져버렸다. 제비 둥지가 떨어질 수도 있다는 걸 생각 못 했던 나는 그 순간 머리가 하얘지면서 어찌할 바를 몰라 매우 당황했다. 제비를 위해 했던 행동이었는데 어느새 제비 알 파괴자가 되어버린 것이다. 잠시 외출했던 제비 엄마와 아빠는 떨어진 둥지와 깨진 알 주위를 날아다니며 짹짹 울었고 제비에게 나는 계속 미안하다고 사과했지만 그렇다고 깨진 알이 돌아오지는 않으니 미안한 맘은 계속 남았다.

그 이후 제비는 계속 몇 번을 왔다 갔다 했는데 그때마다 나는 마음속으로 '이젠 다시 어닝을 움직이지 않을게! 한 번만 더 둥지를 만들어줘~!'라고 외치면서 속으로 제비가 다시 둥지 짓기를 응원했다. 그러던 어느 날! 제비 부부가 다시 집을 짓기로 마음을 먹었는지 나뭇가지를 물어다 집을 짓기 시작했고 드디어 알을 낳았다. 제비가 알을 낳고 새끼를 기르는 과정을 지켜보면서 제비의 양육방식에 대해 알게 된 점이 있는데 우선 제비는 공동 육아를 한다는 점이다. 알을 계속 품어 주어야 하므로 한 제비가 알을 품는 동안 다른 제비는 먹이를 구하러 나간다. 그리고 그 제비가 돌아오면 서로 교대를 해서 알을 품고 먹이를 구하러 나가는 것이다. 알을 돌리기도 하고 품을 때 엉덩이를 좌우로 흔들면서 자리를 잡는 모습은 무척 귀여웠다. 고된 마차리의 일과 중에도 어닝에 앉은 제비 둥지를 보며 하루하루 보내는 시간들은 참 좋았다. 그리고 몇 주 후 어느 날 둥지 아래 놓여있던 라벤더 화분에 물을 주다 라벤더 사이에서 알껍데기를 발견했다. 드디어 새끼 제비가 알을 깨고 나온 것이다! 처음엔 보이지 않더니 며칠 뒤에 뽀송뽀송한 솜털이 난 아기 제비들이 둥지 밖으로 입을 벌리고 있는 게 보였다. 그때부터 아빠, 엄마 제비는 쉴 새 없이 아기 제비들에게 먹이를 물어다 주었고 아기 제비들은 무럭무럭 자라서 엄마 아빠 제비 만 해졌다. 솜털 제비들이 조금 자라 색이 변하고 점점 크는 모습을 하루하루 바라보면서 왠지 나도 괜히 엄마 제비가 된 것 같은 마음이 들었다. 둥지 주위를 기웃거리는 고양이들을 내쫓기도 하고 길에서 발견한 죽은 곤충을 둥지 아래에 가져다 놓기도 했다.

무더운 여름이 되자 이제 제비는 완전히 자라나서 저 둥지에 6

마리가 너무 좁은 거 아닌가?라는 생각이 들 정도로 커졌다. 이제는 날아야 할 때가 된 것이다. 이미 다른 집 제비들은 날기 시작해서 마차리 하늘은 비행연습을 하는 제비들로 온통 가득했다. 엄마, 아빠 제비는 둥지 주위에서 날갯짓을 하며 "이렇게 나는 거야~"라고 말하듯 계속 아이들에게 짹짹거렸고 드디어 한 마리가 둥지 밖으로 용감하게 날았다! 그리고 이어서 다른 제비들도 며칠 사이로 날기 시작했는데 마지막 한 마리 제비를 빼고 나머지 제비들은 나는데 성공했다. 아기 제비들은 엄마 아빠 제비를 따라 우르르 날아갔다 우르르 돌아왔고 다시 둥지에 들어와 있기도 하다가 활짝 열어놓은 피자집 안으로 들어와 한 바퀴 휭 돌아서 나가기도 했다. 마지막까지 날지 못한 제비를 다른 형제들은 응원하듯 짹짹 거리며 어서 나오라고 말하는 듯했고 심지어 엄마 제비는 새끼 제비를 둥지 밖으로 조금씩 밀기도 했다. 왠지 막내 제비가 비행을 할 것 같은 날, 마침 그날 묵으러 온 게스트와 함께 있었는데 버스 시간이 되기 전까지 함께 둥지를 보며 막내 제비를 응원했다. 버스가 와서 차마 떨어지지 않은 발걸음을 떼며 게스트들은 "제비가 날게 되면 꼭 알려주세요~!"라고 부탁했고 게스트가 떠난 지 얼마 되지 않아 막내도 하늘을 날았다. 야호! 게스트에게 사진과 기쁜 소식을 전했고 우리는 아기 제비가 하늘을 날게 된 것에 우리 일처럼 매우 기뻐했다. 하지만 슬픈 일도 있었

다. 아기 제비들은 아직 비행에 익숙지 않기에 낮게 비행한다. 그 점을 노려 고양이들이 포복해 있다가 우리 피자집 아기 제비 한 마리를 점프해서 입으로 낚아채버렸다!! 그걸 마침 본 나는 옆에 있던 빗자루를 들고 "거기서~!!" 하면서 고양이를 쫓아갔는데 제비를 문 고양이가 잠시 멈춰 나를 돌아보았다. 그런데 돌아선 흰 고양이의 배가 크게 불러있었다. 임신 중이었던 것이다. 아…. 어떡하지? 잠시 멈춰 선 틈을 타 고양이는 저기 산으로 가버렸다.

제비도 새끼를 키우기 위해서 무언가를 사냥했을 것이고 고양이도 같은 것을 한 것이다. 그리고 몇 달 뒤 피자집 앞 경찰서 마당에서 장난치는 귀여운 새끼 고양이들을 만났다. 비행연습을 마친 제비 가족은 더 이상 둥지가 필요 없었지만 며칠을 우리 가게 어닝에 앉아있었다. 피자집에 들어와서 몇 바퀴를 날다가 나가기도 했다. 떠날 준비를 하는 제비 가족에게 나도 마음으로 인사를 했고 며칠 후 제비 가족은 마차리 피자를 떠났다.

무언가를 키워낸다는 나의 마음이 제비에게 감정이입이 된 걸까. 쇠락한 폐광도시인 마차리에서 피자를 굽고 여행객들을 찾아오게 만드는 공간을 만들어내는 일이 제비가 새끼를 키우는 일과 같지 않겠지만 나를 버틸 수 있게 하고 또 즐기게 하는데 큰 힘이 되었다. 지금도 나는 제비 가족 일원 중 하나가 남긴 깃털을 가지고 있다.

제제, 괜찮아?

2019년은 나만 힘든 것은 아니었다. 새로운 직장에 입사한 제제는 비교적 수월한 업무를 맡으며 첫해를 적응해나갔고 다음 업무분장 기간에 좀 더 많은 업무를 맡게 되었다. 제제가 근무하는 교육행정직 공무원은 학교행정 중 회계와 시설업무를 맡는다. 제제는 강원도 교육청에 소속된 공무원이 되었는데, 강원도 내의 모든 지역에서 근무를 할 수 있다. 만일 우리가 영월을 떠나 강원도 내의 다른 지역에서 살기를 원하면 그곳으로 떠날 수 있는 것이다. 어쨌든 새로운 일들 들을 맡은 제제는 업무를 파악하고 적응하는 것이 필요했다. 행정업무는 여러 분야로 나뉘어 있지만 어쨌든 예상치 못한 일이 발생하는 것이 아니라 큰 변화 없이 매년 정해진 일들이 반복된다. 특히 회계업무가 그렇다. 따라

서 초기에 일을 익히는 것은 힘들지 몰라도 어느 정도 익숙해지면 그만큼 업무 강도가 낮아지는 것이다. 아무리 익숙하고 반복된 업무를 좋아하는 제제라 할지라도 제일 처음에 일을 배울 때는 낯설고 모든 것이 처음인 업무를 열심히 익혀나가는 시간이 필요했고 퇴근 후 회사에 남아 업무를 익히는 시간이 많아졌다. 제제도 나와 같이 바쁘고 고된 한 해를 보내게 된 것이다. 우린 둘 다 예상치 못한 전쟁 같은 한 해를 보내며 심적으로 많이 괴로웠고 함께 느긋하게 시간을 보낼 여유조차도 없이 둘 다 하루 일과를 마치면 치쳐 잠들어버렸다. 한 해 동안 서로의 마음을 돌봐줄 시간도 없이 각자의 영역에서 스스로와 전쟁을 치렀고 외로워졌다. 제제는 행복하고 안정적인 삶을 살기 위해 한 선택이었고 나는 나 자신의 영역의 발전을 위한 한 걸음을 더 나아간 것이라고 생각했는데 그러한 이유들도 결국 두 사람이 함께 있지 못하다면 아무 소용이 없는 것이 아닐까? 이 모습은 도시에서의 삶을 버리고 좀 더 느긋하고 여유로운 삶을 위해 이곳에 정착한 우리가 예상했던 모습은 아니었다. 하지만 그럼에도 이곳에서 살아남기 위해서는 견뎌내야 하는 시간들이 있다. 시골살이는 우리가 생각하는 동화가 아니라 다큐다. 로맨틱 코미디 드라마가 아니라 인간극장이었다. 결국 무언가를 원하면 무언가를 내주어야 한다. 우리가 안정을 추구하지 않았을 때는 시간은 모두 우리의 것이었다. 그러나 안정을 추구하기 시작하면서 우리는 그 대가로 우리의 시간과 에너지를 지불하고 있었다. 그렇다면 우리는 무엇을 가지려고 해야 하며 무엇을 포기해야 하는 걸까? 어디까지가 욕심이고 어디서부터가 최소 조건인 것일까? 여전히 바쁘고 힘든 한 해였지만 우리는 이 시기를 보내며 우리에게 행복이란 무엇인가에 대해 다시 고민하기 시작했다. 졸업했던 심리 상담 선생님께 도움을 받아 한 달 동안 부부 상담을 받으며 함께 지난날을 돌아보고 앞으로의 구체적인 계획을 세워보며 함께 검토해 보았고 우리는 함께 마음을 정했다. 제제는 내년엔 업무 강도가 조금 덜하고 퇴근시간이 이른 학교 발령을 받으려고 노력하고, 나는 올해 계약기간을 마치면 재계약을 하지 않고 다시 음악인 변선희로 돌아오기로.

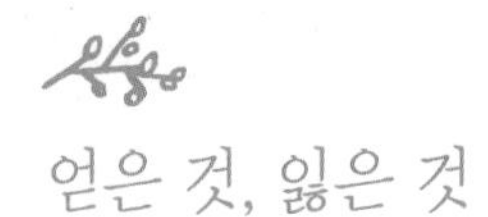

얻은 것, 잃은 것

마차리에서의 1년은 나의 일생에서 큰 전환점으로 기억될 것이다. 모두가 나에게 왜 마차리에서 피자를 굽고 있는지 의아해했다. 말리는 사람도 많았고 걱정하는 지인들도 많았다. 하지만 마차리에서의 1년 동안 나는 엄청나게 성장했다. 모두가 성공하지 못할 거라고 했던 사막에 씨앗을 뿌려 싹을 틔워내는 일에 도전해보았고 작게나마 성과를 거두고 지역의 가능성의 싹을 틔워냈다는 사실은 나에게 의미하는 것이 매우 크다. 다른 누가 뭐라던 나는 종합예술창작소 라브리사와, 우쿨렐레 다락방, 마차리의 게스트하우스와 피자집을 통해 공간 창작과 사람을 모으는 분야의 능력을 계속 키우고 있었고 이젠 내가 이 분야에 소질이 있고 잘해낼 수 있다는 스스로의 확신을 얻게 되었다는 것이다. 그리고 마차리에서 일하면서 소속되어 있던 마을기업에 매니저로 고용되었기에 경영에 직접 개입하거나 관여할 수는 없었지만 옆에서 지켜보며 하나의 회사가 만들어지는 과정, 그리고 회사의 언어를 배우기 시작했다는 것이다. 그것만으로도 내가 이곳에서 고생할 이유는 충분했다. 직접 몸으로 부딪쳐가며 현장에서 공간을 키워가는 것, 그리고 행정적으로 공간을 경영하는 과정을 익히는 것. 이 두 가지를 잘 하기만 한다면 나는 어디서 무엇을 하든 살아남을 수 있는 것이다. 매번 새로운 분야에 관심이 있고 모험을 좋아하는 나와 같은 사람들은 어떤 상황에서도 살아남을 수 있는 틀림없는 강점이 꼭 필요하며, 이 재능은 내가 좋아하는 것을 하면서 살아가기에 필수적인 능력이라고 생각됐다. 이것이 나에게 안정성을 보장해 주는 방패막이 될 거란 걸 의심치 않는다.

그럼에도 잃은 것이 있다. 바로 건강과 제제와의 관계이다. 피자를 만들기 시작하면서 끼니를 먹지 않거나 피자로 때우기 일쑤였으므로 균형 있는 식사를 하지 못했고 무릎과 어깨의 근육통도 생겼다. 이럴 수가! 스트레스로 인해 체중도 늘었다. 그리고 제제와 함께 있는 시간이 많이 부족해 대화가 줄었고 또 서로에게 섭섭하고 서운한 일들도 많이 생겼다. 그런 것들을 풀어야 하는데 바빠서 제대로 풀지 못하고 하루하루를 보내니 더 답답한 날들도 있었다. 함께 힘든 일들을 이야기하고 서로 위로해 주기도 했지만 가끔은 나만 힘들고 상대는 무작정 다 받아주었으면 하는 날들도 있었다. 하지만 둘 다 그렇게 받아주기엔 마음이 힘들었다. 이런 상황은 매우 위험한 적신호이다. 이렇게 천천히 부부가 멀어져 가는 거구나라는 것을 느끼면서 오싹해졌고 우리는 서로 계속 다짐했다. 내년에는. 꼭 내년에는.

시케야 잘가

나의 고양이 시케가 무지개다리를 건넜다. 다행히 아프지 않고 오래 살다가 편안하게 갔다. 나의 첫 번째 고양이 시케. 오랜 친구였던 사랑하는 나의 시케.

시케의 풀네임은 프시케이다. 벌써 14년 전 공시생이던 시절 겨울 길가에 떠돌다 구조되어 내가 키우게 되었는데 그 당시는 나도 긴 수험생활로 심신이 지쳐있었다. 시케와 함께 지내면서 동물로부터 받을 수 있는 위로가 있다는 것을 처음 알았다. 시케에게 한 약속이 있다.

"시케야, 언니가 시험에 합격하게 되면 엄청 큰 캣타워를 사줄게. 그리고 널 위한 노래를 만들어 줄게."

시험에 합격 후 나는 정말 크고 비싼 캣타워를 시케에게 사주었다. 그리고 시케를 위한 노래를 만들었는데 친구가 가사를 써주고 내가 멜로디를 붙였다. 그 노래는 내가 만든 첫 번째 곡이 되었다. 그리고 시케가 떠난 지금 나는 시케를 위해 노래를 하나 더 만들었다. 만들고 부르면서 여러 번 울었다. 노래를 만들면서 시케를 떠나보낼 수 있었고 마음속에 담을 수 있었다. 내가 세상에서 가장 사랑하는 고양이 시케야. 고맙고 미안하고 사랑해. 잘 가.

♪ 시케 ♪

너는 그렇게 동그란 눈동자로
나를 그렇게 가만히 보았지
너의 눈 속에 들어있던 작은 우주에 나는 앉아
그 누구와도 말할 수 없던 이야기를 해

넌 추운 겨울 외롭던 내게 왔고
우린 몸을 기대고 따뜻한 봄길로 걸어갔지
우린 그렇게 우린 그렇게
우린 서로에게 특별한 우주가 되었지

너는 그렇게 하나의 점이 되어
나의 맘속에 빛나는 별이 됐지
사랑하는 내 친구 귀여운 내 친구
언제나 내 맘속에
야옹

새로운 만남

마차리에 있을 때 새로 알게 된 지인이 있다. 마차리 피자 일을 하면서도 3팀 정도의 기타, 우쿨렐레 수업은 병행하고 있었는데 15명의 앙상블팀을 교육할 공간이 없어 덕포 생활문화센터를 대관하여 사용하고 있었다. 다른 시간대에 옆 강의실에서 강의하던 가야금 병창 선생님을 운영자 회의에서 처음 만났다. 타지에서 온 젊은 음악예술가를 6년 만에 처음 만나 왠지 모르게 반가웠는데 가장 젊다는 이유로 여러 가지 일들이 우리에게 주어졌고 둘이 만나 함께 일을 하는 횟수가 많아지면서 자연스레 가야금 선생님과 가까워지게 되었다. 선생님이 마차리에 찾아오기도 하고 또 시내에서 가끔 보기도 하면서 여러 대화를 나누었는데 서로 다른 분야의 음악에 대해 알아가는 재미와 가야금을 연주하며 노

래하는 가야금병창과 기타를 연주하며 노래하는 포크싱어가 어느 부분에서의 공통점이 있다는 것을 발견하고 서로 재미있어하기도 했다. 그리고 생계를 위해 교육을 하고 있지만 사실 공연에 비중을 더 많이 두고 있고 공연예술가로 꾸준히 활동하고 있다는 점도 공감이 갔다. 다만 가야금 선생님은 어릴 때 가야금 병창을 시작하여 꾸준히 발전해 왔고 프로 국악인으로의 활동을 꾸준히 해왔다는 점이 나와 달랐고 그런 면에서 보고 배울 점이 많았다.

서로의 장점을 높게 평가하면서도 영월에서 음악예술인으로 활동하는 것에 대한 어려움에도 함께 공감하기도 했다. 마차리에서의 계약기간이 끝나갈 무렵 다음 활동을 어떻게 할 것인가에 대한 고민이 시작되었는데, 우쿨렐레 다락방과 게스트하우스처럼 매여있지 않는 나만의 교육공간과 작업실을 갖고 싶었다. 가야금 선생님도 나와 같은 마음이었는데, 만일 두 사람이 함께 공간을 사용한다면? 월세와 유지 비용의 부담도 줄어들고 또 전혀 다른 분야의 가야금과 기타가 한곳에서 만난다는 생각이 재미있을 것 같았다. 그리고 수업이나 개인작업, 연습이 있을 시에만 오픈하면 되므로 시간에도 얽매이지 않고 서로 공연활동에도 방해를 주지 않을 것이었다. 서로 개인의 시간을 존중하여 가급적 서로 마주치지 않는 시간대로 사용하기로 하면서도 언제든 수업과 연습을 할 수 있는 나만의 공간이 생길 수도 있었다. 이런 생각을 나누면서 나는 과연 지인이 아닌 공동 운영자로서 갈등이 생기지 않고 함께 잘 꾸려갈 수 있는 사람인지 더 꼼꼼히 살폈고 가야금 선생님도 같은 마음으로 나를 살피는 듯했다. 그렇게 12월은 왔고 우리는 함께 하기로 마음을 결심했다. 물론 그때까지만 해도 우리가 계획했던 공간은 우리 두 사람의 연습실이었다.

살롱 더 스트링

새해가 지나고 시간이 자유로워진 나는 가야금 선생님과 공간을 찾으러 다니기도 하고 함께 운영할 공간에 대한 구상을 해보기도 했다. 처음에 생각했던 것에서 달라진 건 둘만의 공간이 아니라 우리와 같은 상황에 있는 음악예술가와 함께 사용하기로 결정한 것이다. 도시와 달리 인구변동과 인구수가 많지 않은 이곳에서의 음악 교육업은 수요가 많은 피아노 학원이 아닌 다음에야 학원이나 교습소를 차려서 운영하면서 뿌리를 내리기가 쉽지 않다. 6년 전 제제와 내가 우쿨렐레 다락방을 만든 것도 우리의 거주공간에서 시작했기에 가능했었다. 물론 나중엔 공간이 독립을 했지만 그렇게 되기까지는 시간이 걸린다. 높은 임대료와 공과금을 내면서 자리를 잡기에 영월지역은 쉽지 않은 곳인 것이다. 그렇지만 나는 살아남았고 이제 공간을 만들어 잘 키울 자신이 있었다. 그리고 나의 노하우를 다른 음악예술인들에게 알려주고 싶었다. 그럼 어떤 음악인들과 함께 할까? 가야금과 기타의 유일한 공통점인 현악기. 그래 현악기 연주자들과 함께 하는 거야! 이름은 살롱 더 스트링. 며칠 뒤 가야금 선생님이 휴대폰으로 기발한 로고를 구상해왔고 그 그림을 토대로 우리의 멋진 로고도 완성되었다. 그렇게 시작한 살롱 더 스트링은 많은 관심을 받았고 두 번의 코로나의 여파에도 꿋꿋이 잘 버티며 운영되고 있다. 지금은 우리를 포함해서 가야금, 해금, 아쟁, 첼로, 바이올린, 클래식 기타, 통기타, 우쿨렐레, 일렉기타, 베이스 기타를 가르치는 뮤지션들이 공간을 사용하며 수업을 하고 있고 미디 작곡과 대금 등 현악기가 아닌 분야의 비정기적 교육공간으로도 쓰이고 있다. 거기에 더해 우리의 본연의 모습인 음악인으로서의 활동을 위한 다양한 음악공연을 기획하여 소규모 살롱 콘서트도 진행하고 있다. 다른 어느 때보다 여러 음악인들과 만나고 관객들과 소통하며 지역주민들과 함께 악기를 연주하는 지금, 나는 영월에 와서 지난 6년의 시간 중 가장 나답게 살고 있다는 느낌을 받고 있다.

SALON
THE
STRING

우리 조금은 성장한 것 같아.

제제도 이제 학교 업무에 조금씩 적응해가고 있다. 한 해를 다 경험해야 비로소 업무를 다 배운 거라고 그래서 아직은 더 배워야 한다고 하지만 이제 야근도 거의 없고 업무 스트레스도 없다. 그리고 가장 좋은 점은 5시 퇴근이라는 사실. 나는 반대로 거의 저녁에 수업이 있어 오전, 오후 시간을 자유롭게 쓰고 있다. 그 시간에 나는 공부를 하거나 음악 작업을 하고 자주 자연 속으로 간다. 졸졸 흐르는 개울가에 차를 세워놓고 차크닉을 즐긴다.(내 차는 차박캠핑이 가능한 차이므로!) 혼자 시간을 보내고 기타를 연주하고 요즘 배우는 미디 작곡 프로그램을 공부한다. 물론 우리가 활동하는 시간대가 다르지만 난 가끔 제제의 학교에 찾아가 함께 점심을 먹고 잠깐 시간을 내어 근처를 거닐기도 한다. 제제

는 퇴근 후 종종 다락이와 살롱 더 스트링에 와서 시간을 보내고 함께 저녁을 먹고 애견카페를 가기도 한다. 전처럼 늘 함께 붙어 있지는 않게 되었지만 늘 우리는 각자의 생활을 유지하면서도 함께 있는 방법을 찾는다. 그렇게 함께 노력하게 되니 더 신뢰와 믿음이 쌓여가는 것 같다. 올해 여름엔 나에게 좋은 일이 생겼다. 내가 한국문화예술위원회에서 시행되는 청년예술가 지원 사업 대상자에 선정된 것이다. 그동안 마음으로만 준비하고 여러 일들 때문에 계속 미뤄왔던 첫 정규앨범을 발매하게 되면서 나의 음악가로의 공식 활동도 시작되게 되었다. 다른 것들로 인해 계속 미뤄져 왔던 나의 음악이 점점 가운데로 오고 있고 내 인생에서 음악이 점점 가득 차고 있다. 나는 비로소 꿈이 이루어지고 있다는 느낌이 든다.

청년들이 오고 있다

예전에 비해 이곳 영월을 찾는 청년들이 늘고 있다. 그리고 로컬 크리에이터들도 많이 늘었다. 청년문화기획자들도 많이 생겨나 영월의 핫플레이스가 늘고 있다. 타지역에 비해선 아직 부족하다고 느낄 수 있겠지만 우리가 처음 영월에 왔을 때에 비하면 정말 많아졌다. 청년이 운영하는 독립서점이 생겼고, 극단도 2개나 생겼으며 청년 도예가, 베이커리, 레스토랑 운영자들이 운영하는 재미있고 창의적인 공간들도 생겨났다. 그리고 서울에서 영월지역 정착을 위해 지역에 머무는 청년들도 늘어났고 청년문화플랫폼도 생겼다. 청년들이 오고 있다. 이렇게 많은 청년들이 오는 것이 매우 반갑고 고맙기도 하지만 한편으로는 걱정이 되기도 한다. 결국 이곳도 '살아남아야'하는 곳이기 때문이다. 어디든

자리 잡기 위해 겪어야 하는 어려움이 있을 것이고 결국 떠나고 싶은 마음이 들기도 할 것이기 때문이다. 그럴 때 서로를 보듬어 주고 격려해 주며 함께 걸어갈 친구들이, 동료들이 있다면 더 잘 해나갈 수 있을 것만 같다. 지금의 이 좋은 흐름의 시작이 계속되었으면 좋겠다.

예측할 수 없는 삶

내가 공무원을 그만둔 가장 큰 이유는 바로 '내 남은 인생이 너무 예측이 가능해서'였다. 내년에 내가 무슨 일을 하고 있을지 예측이 안되는 인생이 나는 너무 좋다. 사표를 내고 인천으로 갔을 땐 내가 라브리사를 하게 될 줄 몰랐고, 다시 영월로 내려갔을 때도 제제와 게스트하우스를 하게 될 줄은 생각하지 못했다. 마차리에 갈 때도, 살롱 더 스트링도 내가 미리 준비하고 예측된 결과물이 아니었다. 내년에 나는 무엇을 하고 있을까? 정말이지 전혀 예상이 되지 않는다. 단 하나 틀림없이 다르지 않을 거라고 확신하고 있는 것 하나는 제제가 그 모습 그대로 내 옆에 있을 거라는 것이다. 함께 시간을 보내고 함께 노래 부르며 늙어가는 우리의 모습. 그건 절대 변하지 않았으면 좋겠다. 나는 예측되지 않은 나

의 인생이 좋다. 마치 어떤 선물을 받을지 알 수 없는 기쁨을 가지고 살아가는 것 같다. 늘 새로운 사람들과 새로운 기회들을 만나고 그 안에서 또 재미있는 것을 발견해서 창조해나가는 것이 내가 살아가는 이유인 것 같기도 하다. 오히려 이런 다이내믹함을 추구하기에 영월에서의 느린 삶이 나를 중화시켜 주는 듯하다. 나에게 있어서는 최고의 블렌딩된 삶인 것이다!

사람이 음악이야

공간을 만드는 것, 노래를 만들고 부르는 것, 누군가에게 음악을 가르치는 것. 내가 좋아하는 모든 것 안에는 사람이 있었다. 더 정확히 말하면 사람의 내면에 있는 한 조각의 별. 많이 모였을 때 더 커지고 더 훈훈하고 뜨거워지는 그것 말이다. 내 안의 뜨거운 무언가로 시작해서 사람과 사람을 통해 전달된 생각과 마음. 그리고 그것들이 섞이면서 만들어지는 특별한 색깔과 결과물들. 공간이, 연대가, 음악과 예술이 만들어지는 그 지점을 나는 사랑한다. 그리고 나는 바로 이 활동들을 일컬어 '음악을 한다'라고 말한다. 실제 이런 활동들은 나에게 강한 음악적 요소와 동기가 된다. 사람에게서 사람으로 전달되는 빛의 이어짐과 어울림이 멜로디와 코드처럼 함께 연주되고 하나의 특별한 노래가 될 때 그리고 그 어울림과 조화가 잘 이루어질 때 마치 좋은 음악을 만들고 부르는 듯한 느낌이 든다. 그리고 그 음악 안에는 나도 있고 제제도 있고 다락이, 꾸리, 렐레도 있다. 단 하나의 음표가 되어서 여러 사람들과 좋은 울림을 만들며 내가 좋아하는 장르의 리듬과 선율 속에서 즐겁게 살아가는 것. 그것이 내가 음악을 하는 이유다.

난 계속 이곳에서 살게 될까?

우리가 앨리스의 다락방 게스트하우스를 정리하면서 언젠가 바닷가 작은 마을에서 다시 만나자고 게스트들에게 편지를 썼었다. 우리가 정말 그 어딘가의 바닷가 마을에서 살게 될지는 아직 잘 모르겠다. 가끔 우리는 서로에게 묻는다.

"영월에서 계속 살까? 아니면 다른 곳으로 가볼까?"

다른 곳으로 가기엔 영월에 정이 너무 많이 들었다. 제제도 나도 이젠 이곳이 익숙해졌고 안정된 직장도 있으며 또 수많은 정든 사람들이 있다. 그러나 한편으론 이러다 영영 다른 곳으로 떠나지 못하고 이곳에서 평생 살게 될 수도 있다는 생각과 다른 곳을 모험해보고 싶다는 생각도 든다. 정해진 것은 없다. 우리의 마음이 시키는 대로 우리가 하고 싶은 대로 하면 그만이다. 하지만 당분간은 왠지 영월이 우리를 놓아줄 것 같지 않다. 우리도 영월을 조금 더 붙잡고 싶기도 하다. 아직은 영월에서의 소풍이 다 끝나지 않은 것 같다.

내년에 우린 어디서 무엇을 하게 될까?

앨리스의
다락방
17.07.13
2017.7.23.

제제

에필로그

"야옹~"

햇빛이 밝게 비추는 아침, 막내 고양이 꾸리가 나를 깨운다. 그 옆에는 첫째 고양이 렐레가 내 옆에서 자고 있다. 반쯤 눈을 뜨고 시계를 보니 아홉시 십오분이다. 제제는 벌써 출근했는지 보이지 않는다. 분명 또 전화해서 늦잠 잤다고 나를 놀리겠지. 나는 기지개를 한번 쭉~ 하고 고양이 밥을 주고 천천히 눈을 비비며 창가로 걸어간다.

끝없이 펼쳐진 산, 그리고 나무와 꽃, 작은정원, 키작은 집들, 그리고 옥수수밭.

오늘은 날씨가 좋은지 파란 하늘에 구름이 선명하다. 베란다에 앉아 물을 컵에 따라 한입 마시고 눈을 감는다. 따뜻한 산들바람이 살며시 얼굴을 건드리고 따뜻한 햇볕은 눈꺼풀 속으로 가만히 들어와 오렌지빛으로 나를 감싸준다. 내가 제일 좋아하는 순간. 아주 느리게 시간의 흐름을 느끼면서 마음의 온기를 서서히 채워 넣는 햇살 충전타임. 숨 막힐 듯 바쁜 도시와 지옥철, 차가운 콘크리트 건물과 그 안의 사람들 사이에 존재하는 서늘한 긴장감이 견디기 힘들 때마다 내 맘속에서 늘 그리워했던, 이제 나오기로 결심하게 했던 그 따뜻했던 기억의 순간. 다시 돌아가고 싶었고 영영 그곳에 있고 싶었던 바로 그곳. 나는 지금 그곳에서 7년째 살고 있다. 언제 시간이 이렇게 지났는지 혼자 날짜를 곰곰이 세고 있는데 누가 내 다리를 툭툭 친다. 정신을 차리고 보니 둘째 강아지 다락이가 어느새 내 옆에서 나를 빤히 올려다보고 있다. 나가자는 거다.

"다락아 나갈까?"

다락이가 세상에서 제일 좋아하는 말. 이 말 한마디에 다락이는 지금 신나서 멍멍 짖으며 막 뛰어다니고 있다.

문득 7년 전 제제에게 내가 던졌던 말이 떠오른다.

"우리 영월로 떠날까?"

제제가 회사를 그만두었다고 이야기한 그 횡단보도 앞에서 내가 이 질문을 하지 않았다면, 그리고 제제가 영월로 가지 않겠다고 대답했다면 지금 우리 어떻게 살고 있을까? 그때 만일 원래의 우리의 계획 대로였다면 서울에 작은 아파트를 구하고 제제는 새로운 직장을 구했을 것이다. 나는 소소하게 기타를 가르치며 음악을 전공했을 것이고 나름 그 자리에서 전업 음악인이 되기 위해 노력을 했을 것이다. 그리고 분명 우리는 그 도시에서도 열심히 정답을 찾기 위해 노력했을 것이고 그 안에서 행복을 찾았을 것이다. 하지만 천천히 흘러가는 듯한 시간과 한적한 숲속의 아침 대신 수많은 사람들 속 출근길과 지하철의 일상을 견뎌내야 했을 것이고, 어느 저녁 별마로 천문대 옆 활공장에 앉아 따뜻한 차 한잔 들고 쏟아지는 별과 야경을 보며 저녁을 보내는 대신 화려한 도시 속에서 특별한 것을 찾으려 했을 것이다. 모두 행복하고 의미 있는 삶이겠지만 난 날마다 소풍인 지금이 참 좋다.

정답은 없다고 생각한다. 단 내가 한 선택에 후회는 없어야 하고 그 선택에 최선을 다해야 한다. 지금 당신이 서 있는 그곳이 가장 나답고 특별한 곳이 되었으면 좋겠다.

♪ 바람의 노래 ♪

바람이 불어온다

바람이 달려온다

바람이 불어온다

바람이 날아온다

너무 작아도

보이지 않아도

바람은 지나치지 않아

너무 작아도

보이지 않아도

바람은 지나치지 않아

흔들흔들 흔들흔들

흔들흔들 흔들흔들

바람이 불어온다

바람이 불어온다

바람이 불어온다

- 이 곡은 정유경님의 사진과 글 '바람의 노래'를

가사로 바꾸어 만들었습니다.

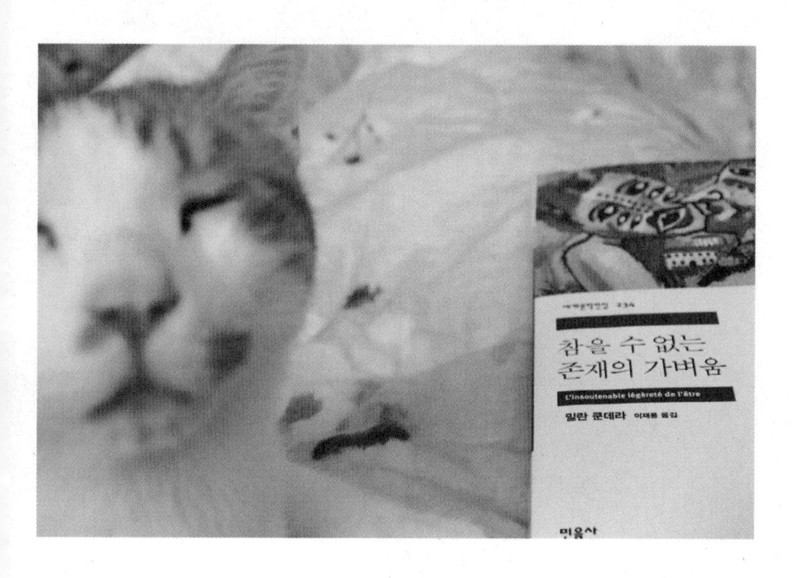
참을 수 없는
존재의 가벼움
L'insoutenable légèreté de l'être
밀란 쿤데라
민음사

* 지구를 위해 친환경재생지를 사용합니다.

날마다 소풍, 영월

초 판 1 쇄 2020년 12월 29일
지 은 이 변선희
펴 낸 곳 하모니북

출판등록 2018년 5월 2일 제 2018-0000-68호
이 메 일 harmony.book1@gmail.com
전화번호 02-2671-5663
팩 스 02-2671-5662

979-11-89930-70-7 03910

값 16,500원

이 도서의 국립중앙도서관 출판예정도서목록(CIP)은 서지정보유통지원시스템 홈페이지(http://seoji.nl.go.kr)와 국가자료공동목록시스템(http://www.nl.go.kr/kolisnet)에서 이용하실 수 있습니다.
CIP제어번호 : CIP2020051249